LES LANGUES MODERNES / BILINGUE
Série anglaise dirigée par Pierre Nordon

ALDOUS HUXLEY

The Tillotson Banquet

Le banquet Tillotson

Préface, traduction et notes de
Clémentine Robert
Agrégée de l'Université

Enregistrement sur cassette

Le Livre de Poche

Sommaire

Principales œuvres d'Aldous Huxley

1921 : Crome Yellow *(Jaune de chrome)*
1922 : Mortal Coils *(Dépouilles mortelles)*
1923 : Antic Hay *(Cercle vicieux)*
1925 : Those Barren Leaves *(Marina di Vezza)*
1928 : Point Counter Point *(Contrepoint)*
1929 : Do what You Will *(L'Ange et la Bête)*
1931 : Music at Night *(Musique nocturne)*
1932 : Brave New World *(Le Meilleur des mondes)*
1932 : Texts and Pretexts *(Textes et prétextes)*
1936 : Eyeless in Gaza *(La Paix des profondeurs)*
1937 : Ends and Means *(La Fin et les moyens)*
1939 : After Many a Summer *(Jouvence)*
1945 : The Perennial Philosophy *(La Philosophie éternelle)*
1948 : Ape and Essence *(Temps futurs)*
1952 : The Devils of Loudun *(Les Diables de Loudun)*
1954 : The Doors of Perception *(Les Portes de la perception)*
1955 : The Genius and the Goddess *(Le Génie et la déesse)*
1958 : Brave New World Revisited *(Retour au meilleur des mondes)*
1962 : Island *(L'Ile)*

La plupart de ces ouvrages ont été traduits par Jules Castier.

Introduction

Lorsque paraît *Mortal Coils* en 1922, Aldous Huxley n'est pas un inconnu : il a déjà du métier et sa réputation n'est plus à faire. Entré dans la carrière d'écrivain par la porte étroite, la poésie n'étant assurément pas la voie la plus facile, il y fait néanmoins des débuts prometteurs. Ses premières plaquettes de vers, *The Burning Wheel* (1916) et *The Defeat of Youth* (1918), ont été remarquées par la critique, et la seconde a notamment suscité l'intérêt de Virginia Woolf : « Le conseil que l'on serait tenté de donner à un écrivain de sa classe et de sa culture », écrit-elle en octobre 1918, « est de cesser de pratiquer la poésie de façon sérieuse et traditionnelle, et de s'en servir, au contraire, pour explorer les aspects curieux, amusants, ou ironiques de la vie, que seuls savent rendre ceux qui possèdent une grande habileté technique et de la sensibilité. » Un conseil que le jeune auteur va mettre en pratique dans son troisième recueil de poésies, *Leda*, où la veine satirique l'emporte largement sur l'inspiration romantique. En 1920, l'ironiste est l'identité que se choisit Huxley pour aborder la prose.

Pourquoi ce besoin chez Huxley de passer de la poésie à la prose au moment même où *Leda* fait bonne impression dans la presse ? « Avec *Leda* », lit-on, en effet, dans le *New York Times*, « il nous offre un volume qui sera très probablement l'apport le plus original et le plus intéressant de toute la poésie anglaise de l'année. Il s'agit là d'une œuvre inégalée sur bien des points. » Par souci de désubjectivation, répondra Huxley dans une lettre du 6 mai 1920 : « Dans tout ce que j'ai écrit jusqu'à présent, beaucoup de choses me paraissent étranges et malvenues, du fait que j'ai choisi la mauvaise voie en voulant suivre une spirale tournée vers l'intérieur, et non vers l'extérieur. » Outre qu'elle élargit les perspectives et qu'avec elle on quitte un microcosme clos au profit d'un macrocosme ouvert, la prose est seule à même de chosifier la matière affective. Huxley s'expliquait déjà sur ce point dans sa correspondance en 1917 : « Ce qui est purement personnel en poésie me laisse de plus en plus insatisfait. Voilà ce qu'il faut faire, à mon avis : primo, recueillir ses impressions du monde extérieur ; secundo, se former des opinions et des idées à partir de ces impressions ; tertio, réobjectiver ces opinions et ces idées dans un nouvel espace. » Huxley anticipait donc au départ de son œuvre la théorie du corrélat objectif (« the objective correlative ») que T.S. Eliot devait formuler quelques années plus tard. La prose, en lui permettant de glisser de JE à ILS, répondait à ce vœu d'objectivation : elle allait ouvrir le discours et, sur le mode impersonnel, en amplifier la résonance.

Limbo, le premier volume en prose, paraît donc en 1920. Premier recueil de nouvelles auquel *Mortal Coils* fera bientôt pendant, l'ouvrage annonce en tout point le romancier. La prose est bien l'instrument qui convient à l'iconoclaste. Féroces, en effet, sont les échantillons du prosateur qu'il se plaisait lui-même à qualifier de « méchamment savoureux » : « Je viens d'écrire une admirable histoire », confiait-il en 1918 à propos d'un de ces morceaux choisis, « si cruelle et si dure qu'elle vous ferait hurler si vous la lisiez. Son venin à l'état concentré est un vrai délice. » L'ouvrage, effectivement, devait choquer les sensibilités, mais les critiques avertis ne s'y sont pas trompés. « Un livre qui nous révèle un nouvel auteur satirique », peut-on lire à la réception de *Limbo*, et qui permet à Virginia Woolf de pronostiquer que le suivant sera tout à fait à son goût : « Gageons que le prochain volume de M. Huxley sera non seulement intelligent, drôle et bien écrit, mais intéressant par-dessus le marché. »

Plus homogène que *Limbo*, *Mortal Coils* ne pouvait que répondre à cette attente. « Le tout est très ingénieux », conclut la recension du *Times Literary Supplement*, et l'intelligence, l'habileté, la dextérité, à l'exclusion parfois de toute autre qualité, sont les traits dominants que la critique à l'unanimité reconnaît à l'ouvrage. On lui reproche, en contrepartie, et c'est la rançon du brio, d'être un jeu gratuit d'intellectuel, témoin l'accusation portée par la *English Review* : « M. Huxley est beaucoup trop intellectuel pour pactiser avec l'humanité... et telle est bien la couleur du volume. Aussi nous offre-t-il des études plutôt que des récits... Il ne donne jamais l'impression d'éprouver de la sympathie... Il demeure un anatomiste... M. Huxley a énormément de talent, mais l'intellectualité est un danger pour l'écrivain. » Le pas que la prose avait pris sur la poésie indiquait donc une tendance à déshumaniser l'écriture.

« The Tillotson Banquet » et « Nuns at Luncheon », les deux nouvelles retenues ici, et la comédie légère, « Permutations among the Nightingales », ont en commun de moduler le rire et de couvrir à elles trois tous les registres du comique. Depuis l'humour de la première, en dépit de son goût d'amer, jusqu'à l'implacable ironie de la seconde, en passant par la farce des « Permutations », Huxley joue sur tout le clavier que lui offre la comédie. Les deux nouvelles et la pièce ont pour autre point commun de présenter l'auteur sous les traits d'un acteur. Spode, Dolphin et JE, le narrateur anonyme de « Nuns at Luncheon », sont autant de masques de l'auteur qui prend ainsi plaisir à devenir lui-même objet de dérision.

Des deux nouvelles, « The Tillotson Banquet » est la seule où transparaît un sentiment d'humanité, sentiment si ténu qu'il n'est pas toujours apparu au lecteur. « M. Huxley n'a jamais rien écrit de plus drôle... À vrai dire, le sujet n'a rien qui puisse émouvoir », affirmait *The Outlook* en avril 1922. N'en déplaise au critique, une affection transpire, aussitôt réprimée, pour ne pas abîmer le jeu divertissant. Placées sous le signe de la délectation — il n'est meilleur festin des dieux que notre condition bouffonne — « The Tillotson Banquet » et « Nuns at Luncheon » sont à lire en diptyque : on y verra comment, après quelques atermoiements, Huxley prend le parti de s'attabler avec les dieux.

« Nuns at Luncheon » est le mets le plus fin des agapes en Olympe. « Une prouesse », déclarait en substance le *London Mercury*, « tant l'artifice est astucieux ». Le truquage optique est parfait et la technique éblouissante. Le système utilisé avec tant de virtuosité, celui des deux narrateurs et de l'histoire à l'intérieur de l'histoire, est un jeu de miroirs qui permet à Huxley de se regarder voir et d'être au même instant voyeur et clairvoyant.

Voir les dessous cachés de toute aventure affective ou sociale, pour le plaisir d'en montrer l'imposture, est bien le *primum mobile* de l'œuvre de Huxley, tel qu'il apparaît dans les bouffonneries de ses « Permutations », une pièce montée dans le seul but de démonter tous les ressorts. Au théâtre des marionnettes, l'échangisme des partenaires est le scénario stylisé d'une humanité mécanique. Lourde d'implications, par-delà l'apparente frivolité du thème et de ses *pupazzi*, « Permutations » nous propose un tableau de la comédie aux cent actes divers, devenue chez Huxley l'humaine « vomédie », la comédie vomie.

Clémentine Robert.

THE TILLOTSON BANQUET

LE BANQUET TILLOTSON

I

Young Spode was not a snob; he was too intelligent for that, too fundamentally decent. Not a snob; but all the same he could not help feeling very well pleased at the thought that he was dining, alone and intimately, with Lord Badgery[1]. It was a definite event in his life, a step forward, he felt, towards that final[2] success, social, material, and literary, which he had come to London with the fixed intention of making. The conquest and capture of Badgery was an almost essential strategical move in the campaign.

Edmund, forty-seventh Baron Badgery, was a lineal descendant of that Edmund, surnamed Le Blayreau, who landed on English soil in the train of William the Conqueror[3]. Ennobled by William Rufus[4], the Badgerys had been one of the very few baronial families to survive the Wars of the Roses[5] and all the other changes and chances of English history. They were a sensible and philoprogenitive race. No Badgery had ever fought in any war, no Badgery had ever engaged in any kind of politics. They had been content to live and quietly to propagate their species in a huge machicolated Norman castle, surrounded by a triple moat, only sallying forth to cultivate their property and to collect their rents.

---

1. **badgery** : de **badger** = *blaireau*. L'onomastique est un élément du comique et nombreux sont les personnages de Huxley affublés d'un patronyme animal. Ce sera le cas de **Mrs. Cayman** = *caïman* dans « The Tillotson Banquet », section IV, et de **Mr. Dolphin** = *dauphin* dans « Permutations among the Nightingales ». Le zoomorphisme est le propre de la caricature, l'animal emblématisant un trait saillant du caractère. Reste que le nom de **Badgery** n'est pas sans évoquer celui du célèbre magnat de la presse, **Lord Beaverbrook** (de **beaver** = *castor*) ; propriétaire du *Daily Express* (1916) et fondateur du *Sunday Express* (1918), Beaverbrook fut élevé à la dignité de baron en 1918.

2. **final** : adjectif, a le double sens de **last** = *dernier, ultime* et de **conclusive** = *définitif, incontestable*. Pourrait se traduire en français par *suprême*.

I

Le jeune Spode n'était pas un snob; il était trop intelligent pour cela, trop foncièrement honnête. Non, ce n'était pas un snob; mais, malgré tout, il ne pouvait s'empêcher d'être fort satisfait à l'idée de dîner seul, en toute intimité, avec Lord Badgery. C'était un événement marquant dans sa vie, un pas en avant, il le sentait, sur le chemin de la consécration, la réussite sociale, matérielle et littéraire qu'il était venu à Londres avec la ferme intention de s'assurer. La conquête et la capture de Badgery étaient un mouvement stratégique pour ainsi dire essentiel dans cette campagne.

Edmund, quarante-septième baron Badgery, était un descendant en ligne directe de cet Edmond, dit le Blayreau, qui mit pied sur le sol anglais dans la suite de Guillaume le Conquérant. Anoblis par Guillaume le Roux, les Badgery étaient une des très rares familles baronniales à avoir survécu à la guerre des Deux-Roses et à tous les hasards et autres avatars de l'histoire d'Angleterre. C'était une race de gens sensés, de gens procréateurs. Aucun Badgery n'avait jamais combattu dans aucune guerre, aucun Badgery n'avait jamais trempé dans aucune politique. Ils s'étaient contentés de vivre et de propager tranquillement leur espèce dans un énorme château à mâchicoulis de style normand, ceint d'une triple douve, dont ils ne sortaient que pour exploiter leurs domaines et percevoir leurs fermages.

---

3. Guillaume le Conquérant, duc de Normandie (1035-1087) et roi d'Angleterre (1066-1087) après la célèbre victoire de Hastings.

4. Guillaume le Roux, fils de Guillaume le Conquérant. Roi d'Angleterre (1087-1100).

5. Guerre civile (1455-1485) entre les maisons d'York (rose blanche) et de Lancastre (rose rouge).

In the eighteenth century, when life had become relatively secure, the Badgerys began to venture forth into civilised society. From boorish squires[1] they blossomed into *grands seigneurs*, patrons of the arts, virtuosi. Their property was large, they were rich; and with the growth of industrialism their riches also grew. Villages on their estate turned into manufacturing towns, unsuspected coal was discovered beneath the surface of their barren moorlands. By the middle of the nineteenth century the Badgerys were among the richest of English noble families. The forty-seventh baron disposed of an income of at least two hundred thousand pounds a year. Following the great Badgery tradition, he had refused to have anything to do with politics or war[2]. He occupied himself by collecting pictures[3]; he took an interest in theatrical productions; he was the friend and patron of men of letters, of painters, and musicians. A personage, in a word, of considerable consequence in that particular world in which young Spode had elected to make his success.

Spode had only recently left the university. Simon Gollamy, the editor of the *World's Review* (the "Best of all possible Worlds[4]"), had got to know him—he was always on the look out for youthful talent—had seen possibilities in the young man, and appointed him art critic of his paper[5]. Gollamy liked to have young and teachable people about him.

---

1. **squire** : gros propriétaire terrien jouissant d'une autorité administrative et juridique à l'échelle locale. Personnage typique de la vie rurale anglaise au XVIIIe siècle, immortalisé sous les traits de Sir Roger de Coverley par Addison et Steele dans *The Spectator* (1711-1712) et de Squire Western dans *Tom Jones* de Fielding (1749).

2. Attaque indirecte contre Lord Beaverbrook qui, contrairement à Badgery, devait jouer un rôle important dans la conduite de la guerre et dans la politique intérieure de l'Angleterre.

3. Lord Badgery est un collectionneur, conformément à la symbolique du blaireau : **a badger = a hoarder** (du verbe **to hoard** : *amasser, entasser*).

Au dix-huitième siècle, quand la vie fut devenue relativement sûre, les Badgery entreprirent de s'aventurer dans le beau monde. De grossiers hobereaux qu'ils étaient, ils s'épanouirent en grands seigneurs, en mécènes et virtuoses. Leur patrimoine était vaste, ils étaient riches; et avec l'essor de l'industrialisme, leur fortune, elle aussi, s'accrut. Des villages situés sur leurs terres devinrent des villes manufacturières; on découvrit du charbon insoupçonné dans le sous-sol de leurs landes incultes. Au milieu du dix-neuvième siècle, les Badgery comptaient déjà parmi les familles les plus fortunées de la noblesse anglaise. Le quarante-septième baron disposait d'un revenu d'au moins deux cent mille livres par an. Fidèle à la grande tradition des Badgery, il avait refusé de se mêler en aucune façon de politique ou de guerre. Il occupait son temps à faire collection de tableaux, s'intéressait aux réalisations théâtrales, était l'ami et le mécène des gens de lettres, des peintres et des musiciens. Pour tout dire, c'était un personnage de la plus haute importance dans le monde particulier où le jeune Spode avait décidé de réussir.

Spode n'avait quitté l'université que depuis peu. Toujours à l'affût de jeunes talents, Simon Gollamy, rédacteur en chef de la *Revue du Monde* (le « Meilleur des Mondes possibles »), avait fait sa connaissance, il avait discerné des possibilités chez le jeune homme et l'avait nommé critique d'art à son journal. Gollamy aimait à s'entourer de sujets jeunes et éducables.

---

4. « Le meilleur des mondes possibles » : chez Leibniz, il s'agit du monde créé par Dieu. Voltaire, dans *Candide*, a chargé l'expression de connotations ironiques et narquoises. C'est dans le même esprit que Huxley reprend ici la formule. À rapprocher du titre qu'il choisira pour son roman futuriste, *Brave New World* (1932).

5. Élément autobiographique à peine déguisé : depuis avril 1920, Huxley était critique dramatique à la *Westminster Gazette*.

The possession of disciples flattered his vanity, and he found it easier, moreover, to run his paper with docile collaborators than with men grown obstinate and case-hardened with age[1]. Spode had not done badly at his new job. At any rate, his articles had been intelligent[2] enough to arouse the interest of Lord Badgery. It was, ultimately, to them that he owed the honour of sitting to-night in the dining-room of Badgery House[3].

Fortified by several varieties of wine and a glass of aged brandy, Spode felt more confident and at ease than he had done the whole evening. Badgery was rather a disquieting host. He had an alarming habit of changing the subject of any conversation that had lasted for more than two minutes. Spode had found it, for example, horribly mortifying when his host, cutting across what was, he prided himself[4], a particularly subtle and illuminating disquisition on baroque art, had turned a wandering eye about the room and asked him abruptly whether he liked parrots. He had flushed and glanced suspiciously towards him, fancying that the man was trying to be offensive. But no; Badgery's white, fleshy, Hanoverian[5] face wore an expression of perfect good faith. There was no malice[6] in his small greenish eyes. He evidently did genuinely want to know if Spode liked parrots. The young man swallowed his irritation and replied that he did. Badgery then told a good story about parrots.

---

1. **case-hardened**: du verbe **to case-harden**: *cémenter un métal, aciérer le fer;* fig. *endurcir, rendre intraitable, insensible*. La préposition **with** établit la relation de cause à effet.

2. **intelligent, clever** sont les épithètes que la critique unanime applique au jeune Huxley dès ses premiers écrits. Témoin ce qu'en dit Virginia Woolf en 1920: "We know for ourselves that Mr. Huxley is very clever" (*Times Literary Supplement*, 5 févr. 1920).

3. **house**: désigne une demeure historique. Par exemple, Clarence House, à Londres, une des résidences de la famille royale.

4. La vanité est un travers commun à tous les personnages de la nouvelle. Chacun d'eux, quelle que soit sa condition, aura l'occasion de

Posséder des disciples flattait sa vanité et il lui était, de surcroît, plus facile de diriger son journal avec des collaborateurs dociles que d'avoir à faire à des hommes devenus obstinés et coriaces avec l'âge. Spode n'avait pas mal réussi dans ses nouvelles fonctions. Toujours est-il que ses articles s'étaient avérés suffisamment intelligents pour susciter l'intérêt de Lord Badgery. C'est à eux, en définitive, qu'il devait l'honneur d'être assis, ce soir, dans la salle à manger de Badgery House.

Fortifié par plusieurs variétés de vin et un verre de vieux cognac, Spode se sentait plus sûr de lui et plus à l'aise qu'à aucun autre moment de la soirée. Badgery était un hôte quelque peu déconcertant. Il avait la redoutable manie de changer le sujet de toute conversation qui durait depuis plus de deux minutes. C'est ainsi que Spode s'était senti horriblement mortifié lorsque, coupant court à ce qui était, il s'en flattait, un exposé particulièrement subtil et lumineux sur l'art baroque, son hôte avait promené son regard autour de la pièce et lui avait demandé à brûle-pourpoint s'il aimait les perroquets. Il avait rougi et lui avait jeté un regard méfiant, se disant que l'autre cherchait à l'offenser. Mais non ; le faciès hanovrien, blanc et charnu de Badgery respirait la parfaite bonne foi. Il n'y avait aucune malveillance dans les petits yeux verdâtres. De toute évidence, il tenait réellement à savoir si Spode aimait les perroquets. Le jeune homme ravala son irritation et répondit que oui. Badgery lui raconta alors une bonne histoire de perroquets.

---

se targuer de quelque chose. On peut y voir un fil conducteur du récit, les expressions **he prided himself, I flatter myself**, se répétant en écho.

5. **Hanoverian** (adjectif) : référence à la maison de Hanovre. George-Louis, électeur de Hanovre, devint roi d'Angleterre en 1714 sous le nom de George Ier. L'épithète est péjorative et traduit l'épaisseur des traits propre à la dynastie.

6. **malice** : faux ami, *malveillance, méchanceté*. Ne pas confondre avec **mischief** : *malice*.

Spode was on the point of capping it with a better story, when his host began to talk about Beethoven. And so the game went on. Spode cut his conversation to suit his host's requirements. In the course of ten minutes he had made a more or less witty epigram on Benvenuto Cellini[1], Queen Victoria[2], sport, God, Stephen Phillips[3], and Moorish architecture. Lord Badgery thought him the most charming young man, and so intelligent.

"If you've quite finished your coffee," he said, rising to his feet as he spoke, "we'll go and look at the pictures."

Spode jumped up with alacrity, and only then realised that he had drunk just ever so little too much. He would have to be careful, talk deliberately, plant his feet consciously, one after the other.

"This house is quite cluttered up with pictures," Lord Badgery complained. "I had a whole wagon-load taken away to the country last week; but there are still far too many. My ancestors would have their portraits painted by Romney[4]. Such a shocking artist, don't you think? Why couldn't they have chosen Gainsborough[5], or even Reynolds[6]? I've had all the Romneys hung in the servants' hall now. It's such a comfort to know that one can never possibly see them again. I suppose you know all about the ancient Hittites?[7]"

"Well..." the young man replied, with befitting modesty.

---

1. Benvenuto Cellini (1500-1571), orfèvre et sculpteur florentin.

2. Victoria, reine d'Angleterre (1837-1901). Son long règne coïncida avec l'apogée de la puissance britannique. Image de la pérennité de l'Angleterre, elle a profondément marqué les mœurs et l'esprit de son temps, d'où les dérivés **victorian, victorianism**.

3. Stephen Phillips (1864-1915), poète et dramaturge anglais qui, après avoir connu le succès, tomba dans l'oubli.

4. George Romney (1734-1802), portraitiste anglais très apprécié par l'aristocratie.

5. Thomas Gainsborough (1727-1788), paysagiste et portraitiste anglais de très grand renom.

Spode était sur le point de renchérir sur cette histoire lorsque son hôte se mit à parler de Beethoven. Et le jeu se poursuivit ainsi. Spode ajusta sa conversation aux exigences du maître de maison. En l'espace de dix minutes, il avait fait une épigramme plus ou moins spirituelle sur Benvenuto Cellini, la reine Victoria, le sport, Dieu, Stephen Phillips, et l'architecture mauresque. Lord Badgery en conclut qu'il était le jeune homme le plus charmant du monde, et si intelligent !

« Si vous avez tout à fait fini votre café », dit-il en se levant séance tenante, « nous allons regarder les tableaux. »

Spode bondit avec empressement, et c'est alors seulement qu'il se rendit compte qu'il avait un tantinet trop bu. Il lui faudrait faire attention, parler posément, planter ses pieds en toute lucidité, l'un après l'autre.

« Cette maison est littéralement envahie de tableaux », déplora Lord Badgery. « J'en ai fait partir tout un chargement à la campagne, la semaine dernière ; mais il en reste beaucoup trop. Mes ancêtres ont tenu à faire faire leur portrait par Romney. Quel abominable artiste, vous ne trouvez pas ? Que n'ont-ils choisi Gainsborough, ou même Reynolds ? J'ai fait dernièrement accrocher tous les Romney dans la salle du commun. C'est un tel soulagement de savoir qu'il est devenu impossible de les revoir jamais. Je présume que les anciens Hittites n'ont pas de secret pour vous ?

— Ma foi !... » répondit le jeune homme avec une modestie de bon ton.

---

6. Sir Joshua Reynolds (1723-1792), autre grand portraitiste, considéré comme le chef de file de l'école anglaise. Contribua à la fondation en 1768 de la Royal Academy (l'Académie royale des arts) dont il fut le premier président.

7. L'empire hittite (XVIe-XIIIe s. av. J.-C.) s'étendait en Anatolie centrale.

"Look at that, then." He indicated a large stone head which stood in a case near the dining-room door. "It's not Greek, or Egyptian, or Persian, or anything else; so if it isn't ancient Hittite, I don't know what it is. And that reminds me of that story about Lord George Sanger[1], the Circus King..." and, without giving Spode time to examine the Hittite relic, he led the way up the huge staircase, pausing every now and then in his anecdote to point out some new object of curiosity or beauty.

"I suppose you know Deburau's[2] pantomimes?" Spode rapped out as soon as the story was over. He was in an itch to let out his information about Deburau. Badgery had given him a perfect opening with his ridiculous Sanger. "What a perfect man, isn't he? He used to..."

"This is my main gallery[3]," said Lord Badgery, throwing open[4] one leaf of a tall folding door. "I must apologise for it. It looks like a roller-skating rink." He fumbled with the electric switches and there was suddenly light—light that revealed an enormous gallery, duly receding into distance according to all the laws of perspective. "I dare say you've heard of my poor father," Lord Badgery continued. "A little insane, you know; sort of mechanical genius with a screw loose[5]. He used to have a toy railway in this room. No end of fun he had, crawling about the floor after[6] his trains.

---

1. George Sanger, dit Lord George Sanger (1825-1911), fut avec son frère John le propriétaire du plus grand cirque anglais.

2. Jean-Baptiste Gaspard Deburau (1796-1846), mime français, créateur du personnage de Pierrot au théâtre des Funambules.

3. Huxley continue d'exploiter la symbolique animale : Badgery vit dans ses galeries de tableaux comme le blaireau dans son terrier.

4. **to throw... open** : l'adjectif **open** marque le résultat de l'action, et se traduit donc par un verbe en français ; le verbe **to throw** exprime la manière dont se fait l'action, et se traduit donc par un adverbe ou un complément de manière. Ex. : **Milton read himself blind** = *Milton est devenu aveugle à force de lire.*

5. **with a screw loose** : littéralement de **a screw** : *une vis* et **loose** (adj.) : *desserré.* Expression familière au figuré : **he's got a screw loose** = *il lui*

« Alors, regardez-moi ça. » Il désigna une grosse tête en pierre installée dans une vitrine, près de la porte de la salle à manger. « Ce n'est ni grec, ni égyptien, ni perse, ni quoi que ce soit d'autre ; alors, si ce n'est pas hittite, je ne sais pas ce que c'est. Au fait, cela me rappelle cette histoire sur Lord George Sanger, le roi du cirque... » Et sans même laisser à Spode le temps d'examiner le vestige hittite, il l'entraîna jusqu'en haut de l'énorme escalier, interrompant çà et là son anecdote pour attirer l'attention sur telle autre curiosité ou telle autre merveille.

« Je suppose que vous connaissez les pantomimes de Deburau ? » lança Spode, sitôt l'histoire terminée. Il brûlait de révéler ce qu'il savait sur Deburau. Badgery venait de lui fournir une parfaite entrée en matière avec son idiot de Sanger. « Quel artiste, vous ne trouvez pas ? Il avait pour habitude...

— Voici ma grande galerie », dit Lord Badgery, ouvrant d'un geste large un des battants d'une haute porte à double vantail. « Veuillez excuser l'état des lieux. On dirait une piste de patinage à roulettes. » Il farfouilla parmi les interrupteurs électriques et il y eut soudain de la lumière, une lumière qui révéla une gigantesque galerie qui se perdait comme il se doit dans le lointain, conformément à toutes les lois de la perspective. « Je suppose que vous avez entendu parler de mon pauvre père », poursuivit Lord Badgery. « Un rien marteau, dirons-nous ; une espèce de génie mécanicien qui déraillait un peu. Il avait un chemin de fer miniature dans cette salle. C'est qu'il prenait un plaisir fou à courir après ses trains, à quatre pattes sur le parquet !

---

manque une case. L'humour vient de ce que Huxley joue à la fois sur le sens propre et le sens figuré de l'expression.

6. **to crawl after** : la préposition rend compte de l'action, d'où *courir après* ; le verbe exprime la manière, *à quatre pattes*.

And all the pictures were stacked in the cellars. I can't tell you what they were like when I found them: mushrooms growing out of the Botticellis[1]. Now I'm rather proud of this Poussin[2]; he painted it for Scarron[3]."

"Exquisite!" Spode exclaimed, making with his hand a gesture as though he were modelling a pure form in the air. "How splendid the onrush of those trees and leaning figures is! And the way they're caught up, as it were, and stemmed by that single godlike form opposing them with his contrary movement! And the draperies..."

But Lord Badgery had moved on, and was standing in front of a little fifteenth-century Virgin of carved wood.

"School of Rheims," he explained.

They "did" the gallery at high speed. Badgery never permitted his guest to halt for more than forty seconds before any work of art. Spode would have liked to spend a few moments of recollection and tranquillity[4] in front of some of these lovely things. But it was not permitted.

The gallery done, they passed into a little room leading out of it. At the sight of what the lights revealed, Spode gasped.

"It's like something out of Balzac[5]," he exclaimed. "Un de ces salons dorés où se déploie un luxe insolent. You know."

---

1. Sandro Botticelli (1445-1510), peintre et graveur florentin. Très en faveur auprès des Médicis, il fut vite oublié et fut redécouvert au XIXe siècle par les préraphaélites (école anglaise en réaction contre l'académisme). La précarité de la fortune de l'artiste est une des clés de lecture de la nouvelle.

2. Nicolas Poussin (1594-1665), peintre et dessinateur français. Le tableau dont il est question ici est « L'Extase de saint Paul » (au musée du Louvre) et fut exécuté pour Scarron en 1649-1650.

3. Paul Scarron (1610-1660), écrivain français, auteur du *Roman comique* (1651-1657).

4. **recollection and tranquillity**: réminiscence de Wordsworth ("Poetry is the spontaneous overflow of powerful feelings: it takes its origin from emotion **recollected in tranquillity**", préface aux *Lyrical Ballads*, 1798).

Et tous les tableaux étaient entassés dans les caves. Vous ne pouvez pas savoir dans quel état je les ai retrouvés : il y avait des couches de champignons sur les Botticelli. Ça, c'est un Poussin dont je suis assez fier ; il l'a peint pour Scarron.

— De toute beauté ! » s'exclama Spode, esquissant un geste de la main comme pour modeler dans l'air une forme pure. « Superbe, l'élan de ces arbres et de ces corps inclinés ! Et la façon dont ils sont aspirés, en quelque sorte, et refoulés par cette seule forme divine qui s'oppose à eux dans son mouvement contraire ! Et les draperies... ! »

Mais Lord Badgery s'était avancé dans la pièce et se tenait devant une petite Vierge en bois sculpté du XVe siècle.

« École de Reims », expliqua-t-il.

Ils « firent » la galerie à vive allure. Badgery ne permit pas une seule fois à son invité de s'arrêter plus de quarante secondes devant aucune œuvre d'art. Spode aurait aimé passer quelques instants de contemplation recueillie devant certaines de ces choses ravissantes. Mais cela ne lui fut pas permis.

La galerie « faite », ils passèrent dans une petite pièce avec laquelle elle communiquait. À la vue de ce que révélèrent les lumières, Spode eut le souffle coupé.

« On croirait du Balzac », s'écria-t-il. « "Un de ces salons dorés où se déploie un luxe insolent", vous ne trouvez pas ?

---

5. Balzac était une des préoccupations majeures de Huxley qui avait été chargé de préparer un ouvrage sur le romancier français : "I have just signed an agreement with Constables to do a book on Balzac", écrit-il le 5 août 1919, "I am rather appalled at the prospect of having to read *all* Balzac!" Le projet fut abandonné en 1924, Huxley préférant se consacrer à la création personnelle.

"My nineteenth-century chamber," Badgery explained. "The best thing of its kind, I flatter myself, outside the State Apartments at Windsor."

Spode tiptoed round the room, peering with astonishment at all the objects in glass, in gilded bronze, in china, in feathers, in embroidered and painted silk, in beads, in wax, objects of the most fantastic shapes and colours, all the queer products of a decadent tradition, with which the room was crowded. There were paintings on the walls—a Martin[1], a Wilkie[2], an early Landseer[3], several Ettys[4], a big Haydon[5], a slight pretty water-colour of a girl by Wainewright[6], the pupil of Blake[7] and arsenic poisoner, and a score of others. But the picture which arrested Spode's attention was a medium-sized canvas representing Troilus riding into Troy among the flowers and plaudits of an admiring crowd, and oblivious (you could see from his expression) of everything but the eyes of Cressida, who looked down at him from a window, with Pandarus[8] smiling over her shoulder.

"What an absurd and enchanting picture!" Spode exclaimed.

"Ah, you've spotted my Troilus." Lord Badgery was pleased.

"What bright harmonious colours! Like Etty's, only stronger, not so obviously pretty. And there's an energy about it that reminds one of Haydon.

---

1. John Martin (1789-1854), peintre, aquarelliste et graveur anglais caractérisé par son romantisme visionnaire.

2. Sir David Wilkie (1785-1841), peintre de genre et d'histoire écossais. Par souci de vérité picturale, il fit en 1840 un voyage en Terre Sainte, comme le héros éponyme de la nouvelle.

3. Sir Edwin Henry Landseer (1802-1873), peintre animalier.

4. William Etty (1787-1849), peintre d'histoire anglais.

5. Benjamin Robert Haydon (1786-1846), peintre d'histoire anglais. Porté vers la démesure, il eut un destin tragique. Huxley montra pour Haydon un intérêt durable, témoin l'introduction qu'il écrivit en 1926 pour la réédition de l'autobiographie du peintre.

— Mon salon XIXe siècle », expliqua Badgery. « Ce qu'il y a de mieux dans le genre, je m'en flatte, après les Grands Appartements à Windsor. »

Spode fit le tour de la pièce sur la pointe des pieds, examinant avec stupeur tous les objets en verre, en bronze doré, en porcelaine, en plumes, en soie brodée ou peinte, en perles, en cire, dont le salon était encombré — objets aux formes et aux couleurs les plus invraisemblables, toute la production bizarre d'une tradition décadente. Il y avait des peintures aux murs — un Martin, un Wilkie, un Landseer à ses débuts, plusieurs Etty, un grand Haydon, une légère et jolie aquarelle d'une enfant par Wainewright, élève de Blake et empoisonneur à l'arsenic, et une vingtaine d'autres encore. Mais le tableau qui retint l'attention de Spode était une toile de dimensions moyennes qui représentait Troïlus à cheval, faisant son entrée dans Troie au milieu des fleurs et des vivats d'une foule admirative, et n'ayant d'yeux (cela se voyait à son expression) que pour Cressida qui le contemplait du haut d'une fenêtre, tandis que Pandaros souriait par-dessus son épaule.

« Quel tableau absurde et enchanteur ! » s'écria Spode.

« Ah ! vous avez repéré mon Troïlus. » Lord Badgery était aux anges.

« Quelle harmonie de couleurs lumineuses ! Comme chez Etty, mais en plus soutenu, et moins ostensiblement joli. Il y a aussi une vigueur qui rappelle Haydon.

---

6. Thomas Griffiths Wainewright (1794-1852), peintre anglais, ami de De Quincey, de Lamb et de Hazlitt, qui mourut au bagne.

7. William Blake (1757-1827), poète visionnaire, peintre et graveur anglais, dont le génie singulier demeura longtemps incompris.

8. Pandaros (ou Pandare), figure légendaire de la guerre de Troie qui réunit les amants Troïlus et Cressida, d'où **a pander** = *un entremetteur.*

Only Haydon could never have done anything so impeccable in taste[1]. Who is it by?" Spode turned to his host inquiringly.

"You were right in detecting Haydon," Lord Badgery answered. "It's by his pupil, Tillotson[2]. I wish I could[3] get hold of more of his work. But nobody seems to know anything about him. And he seems to have done so little."

This time it was the younger man[4] who interrupted.

"Tillotson, Tillotson..." He put his hand to his forehead. A frown incongruously distorted his round, floridly curved face. "No... yes, I have it." He looked up triumphantly with serene and childish brows[5]. "Tillotson, Walter Tillotson—the man's still alive."

Badgery smiled. "This picture was painted in 1846, you know."

"Well, that's all right. Say he was born in 1820, painted his masterpiece when he was twenty-six, and it's 1913 now; that's to say he's only ninety-three. Not as old as Titian[6] yet."

"But he's not been heard of since 1860," Lord Badgery protested.

"Precisely. Your mention of his name reminded me of the discovery I made the other day when I was looking through the obituary notices in the archives of the *World's Review*.

---

1. Huxley reprend ici la critique faite à Haydon de son vivant.

2. Personnage fictif à notre connaissance. La relation entre Tillotson et Haydon, entre la fiction et la réalité est d'ores et déjà établie et confère à l'imaginaire la dimension du réel.

3. **I wish I could**: emploi du prétérit modal après **to wish**, verbe optatif. Exprime un désir non réalisé ou non réalisable. Ex.: **I wish I had**: *j'aimerais avoir*, **I wish I were**: *j'aimerais être*.

4. **the younger man** par rapport à **the older man**, *le cadet* par rapport à *l'aîné*: le comparatif a valeur de superlatif quand la comparaison s'effectue entre deux éléments. Ex.: **John is the more intelligent of the two (boys)**. En revanche, on dira **he is the cleverest of them all** quand la comparaison s'élargit à plus de deux éléments.

À ceci près que Haydon n'aurait jamais pu exécuter une œuvre d'un goût aussi parfait. De qui est-ce ? » Spode se tourna vers son hôte, l'air interrogateur.

« Vous avez vu juste en discernant Haydon », répondit Lord Badgery. « C'est de son élève, Tillotson. J'aimerais pouvoir mettre la main sur d'autres œuvres de lui. Mais personne n'a l'air de savoir quoi que ce soit sur lui. Et il semble avoir si peu produit. »

Cette fois, ce fut le jeune homme qui interrompit son aîné.

« Tillotson, Tillotson... » Il porta la main à son front qui se plissa, imprimant une distorsion inattendue aux courbes de son visage rond et fleuri. « Non... oui... j'y suis ! » Il leva les yeux d'un air triomphant, le front serein comme celui d'un enfant. « Tillotson... Walter Tillotson — il est toujours en vie. »

Badgery sourit. « Ce tableau, voyez-vous, date de 1846.

— Eh bien ! ce n'est pas un problème. Admettons qu'il soit né en 1820, qu'il ait peint son chef-d'œuvre à l'âge de vingt-six ans ; nous sommes en 1913, ce qui revient à dire qu'il n'a que quatre-vingt-treize ans. Il n'a pas encore l'âge du Titien.

— C'est qu'on n'a plus entendu parler de lui depuis 1860, protesta Lord Badgery.

— Justement ! Quand vous avez mentionné son nom, je me suis rappelé la découverte que j'ai faite, l'autre jour, en vérifiant les notices nécrologiques dans les archives de la *Revue du Monde*

---

5. **brows**, littéralement **eye-brows** : *les sourcils*. Ex. : **to knit one's brows** : *froncer les sourcils*. Sens élargi à la partie supérieure du visage, d'où l'emploi littéraire de **brow** comme synonyme de **forehead** : *le front*.

6. Tiziano Vecellio, dit en français (le) Titien (v. 1487-1576), le plus renommé des peintres vénitiens. L'expression **not as old as Titian** est métaphorique et n'est pas à prendre à la lettre.

(One has to bring them up to date every year or so for fear of being caught napping if one of these old birds chooses to shuffle off[1] suddenly.) Well there, among them—I remember my astonishment at the time—there I found Walter Tillotson's biography. Pretty full to 1860, and then a blank, except for a pencil note in the early nineteen hundreds to the effect that he had returned from the East. The obituary has never been used or added to. I draw the obvious conclusion: the old chap isn't dead yet. He's just been overlooked somehow."

"But this is extraordinary," Lord Badgery exclaimed. "You must find him, Spode—you must find him. I'll commission him to paint frescoes round this room. It's just what I've always vainly longed for—a real nineteenth-century artist to decorate this place for me. Oh, we must find him at once—at once."

Lord Badgery strode up and down in a state of great excitement.

"I can see how this room could be made quite perfect," he went on. "We'd clear away all these cases and have the whole of that wall filled by a heroic fresco of Hector and Andromache, or 'Distraining for Rent[2],' or Fanny Kemble[3] as Belvidera in 'Venice Preserved'[4]—

---

1. **to shuffle off**: réminiscence de Shakespeare, *Hamlet*, III,1,67 ("When we have **shuffled off** this mortal coil", *Quand nous aurons dépouillé ce corps mortel*). Référence est ainsi faite au titre du recueil dont l'allusion littéraire est un rappel discret. De plus, la locution **to shuffle off** passée dans la langue vulgaire avec le sens de *claquer*, *crever*, permet à Huxley de jouer sur le double registre, littéraire et populaire.

2. Pièce anonyme jouée au théâtre de Sadler's Wells (20-22 févr. 1832), directement inspirée du célèbre tableau de Wilkie, "Distraining for Rent" (1814), que les gravures de Raimbach venaient de populariser (1828).

3. Fanny Kemble (1809-1893), célèbre actrice d'une grande beauté, nièce de la non moins célèbre tragédienne, Mrs. Siddons (1755-1831).

(il faut les mettre à jour à peu près tous les ans pour ne pas être pris de court s'il vient la fantaisie à l'un de ces fossiles de passer tout d'un coup de vie à trépas). Eh bien ! c'est là-dedans — je me souviens de ma stupéfaction sur le moment — que j'ai trouvé la biographie de Walter Tillotson. Bien fournie jusqu'en 1860, et puis plus rien, à part une note au crayon du début des années mil neuf cent, précisant qu'il était revenu d'Orient. La notice nécrologique n'a jamais servi, elle n'a jamais été complétée. J'en déduis tout naturellement que le vieux n'est pas encore mort. Il est simplement tombé dans l'oubli, on ne sait trop comment.

— Mais voilà qui est extraordinaire ! » s'exclama Lord Badgery. « Il faut que vous le retrouviez, Spode — c'est indispensable. Je vais le charger de peindre des fresques sur tout le pourtour de cette pièce. C'est exactement ce que j'ai toujours ardemment désiré, sans jamais le trouver — un authentique artiste du XIXe siècle pour me décorer cette salle. Oh ! il nous faut le retrouver tout de suite, tout de suite ! »

Lord Badgery se mit à arpenter la pièce dans un état de surexcitation.

« Je vois d'ici comment on pourrait faire de ce salon quelque chose de vraiment parfait », poursuivit-il. « Nous enlèverions toutes ces vitrines et toute la surface de ce mur serait occupée par une fresque héroïque représentant Hector et Andromaque, ou *La Saisie pour recouvrement de loyer*, ou Fanny Kemble dans le rôle de Belvidera dans *Venise sauvée* —

4. Tragédie de Thomas Otway (1682). Le rôle de l'héroïne, Belvidera, fut successivement interprété par Mrs. Siddons à Drury Lane (1782-1783) et par Fanny Kemble à Covent Garden (1829-1830). "We were all of us in love with you", confiera Thackeray à Fanny Kemble.

anything like that, provided it's in the grand manner of the 'thirties and 'forties. And here I'd[1] have a landscape with lovely receding perspectives, or else something architectural and grand in the style of Belshazzar's feast[2]. Then we'll have this Adam[3] fireplace taken down and replaced by something Mauro-Gothic[4]. And on these walls I'll have mirrors, or no! let me see..."

He sank into meditative silence, from which he finally roused himself to shout:

"The old man, the old man! Spode, we must find this astonishing old creature. And don't breathe a word to anybody. Tillotson shall[5] be our secret. Oh, it's too perfect, it's incredible! Think of the frescoes."

Lord Badgery's face hade become positively animated. He had talked of a single subject for nearly a quarter of an hour.

---

1. **I'd** : forme contractée du conditionnel. Notons que le discours de Badgery évolue du conditionnel, **we'd**, **I'd**, au futur, **we'll**, **I'll**, autrement dit, du rêve au projet, comme pour prouver que l'impossible est désormais possible.

2. Allusion biblique au Festin de Balthazar (Daniel, V). Le célèbre tableau de John Martin, "Belshazzar's Feast" (1821), qui assura la réputation du peintre, inspira sans doute la pièce de William Ball, *Belshazzar's Feast* : *A Sacred Lyrical Drama*, publiée à Londres en 1834.

3. Robert Adam (1728-1792), architecte et décorateur écossais, créateur avec ses frères d'un style ornemental élégant **(the Adam style)** d'inspiration gréco-latine.

n'importe quoi dans le même genre, pourvu que ce soit dans la grande manière des années trente et quarante. Et ici j'aurais un paysage avec de jolies perspectives fuyantes, ou alors quelque chose d'architectural et de grandiose dans le style du *Festin de Balthazar*. Puis nous ferons déposer cette cheminée Adam et nous la remplacerons par quelque chose d'arabo-gothique. Et sur ces murs-là, j'aurai des glaces, ou alors, non ! Voyons... »

Il sombra dans un silence méditatif, dont il sortit enfin pour s'écrier :

« Ce vieillard, ce vieillard ! Spode, il faut absolument que nous le retrouvions, ce vieux bonhomme étonnant. Et n'en soufflez mot à personne ! Que Tillotson soit notre secret ! Oh ! c'est trop parfait, c'est incroyable ! Pensez à ces fresques ! »

Le visage de Lord Badgery s'était positivement animé. L'homme avait parlé sur un seul sujet pendant près d'un quart d'heure.

---

4. Le mélange des styles est caractéristique de l'époque victorienne. Le néo-gothique y fut prédominant, cependant que l'orientalisme introduisait une arabisation des formes et des motifs.

5. Futur emphatique qui inverse la conjugaison normale, d'où **I will, you shall, it shall**. La formulation du discours est péremptoire, en accord avec la nature impérieuse de Badgery.

II

Three weeks later Lord Badgery was aroused from his usual after-luncheon somnolence by the arrival of a telegram. The message was a short one. "Found.—SPODE." A look of pleasure and intelligence made human Lord Badgery's clayey face of surfeit. "No answer," he said. The footman padded away on noiseless feet.

Lord Badgery closed his eyes and began to contemplate. Found! What a room he would have! There would be nothing like it in the world. The frescoes, the fireplace, the mirrors, the ceiling... And a small, shrivelled old man clambering about the scaffolding, agile and quick like one of those whiskered little monkeys at the Zoo, painting away, painting away...[1] Fanny Kemble as Belvidera, Hector and Andromache, or why not the Duke of Clarence[2] in the Butt[3], the Duke of Malmsey[4], the Butt of Clarence[5]... Lord Badgery was asleep.

Spode did not lag long behind his telegram. He was at Badgery House by six o'clock. His lordship was in the nineteenth-century chamber, engaged in clearing away with his own hands the bric-à-brac. Spode found him looking hot and out of breath.

"Ah, there you are," said Lord Badgery. "You see me already preparing for the great man's coming. Now you must tell me all about him."

---

1. **away** traduit la continuité. Ex.: **to work away**: *travailler sans relâche, sans désemparer.*

2. George, duc de Clarence, fils de Richard d'York et frère d'Edouard IV et du futur Richard III, fut enfermé dans la Tour de Londres où il mourut assassiné en 1478. La tradition veut que le duc de Clarence ait été noyé dans un muid de malvoisie, "hastily drowned in a Butt of Malmesey", rapporte Sir Thomas More dans *The History of King Richard III* (1513). Voir également Shakespeare dans *Richard III*, I,4,277.

3. **a butt**: grosse pièce de vin d'une capacité d'environ 500 litres.

II

Trois semaines plus tard, Lord Badgery fut tiré de la torpeur qui lui était habituelle après le déjeuner par l'arrivée d'un télégramme. Le message était bref. « Trouvé. Spode. » Une expression de bonheur et d'intelligence rendit humain le visage argileux et replet de Lord Badgery. « Pas de réponse », dit-il. Le laquais se retira sans bruit, à pas feutrés.

Lord Badgery ferma les yeux et se prit à songer. Trouvé ! Quel salon il allait avoir ! On n'en verrait pas de pareil au monde. Les fresques, la cheminée, les glaces, le plafond... Et un petit vieillard ratatiné grimpant parmi les échafaudages, agile et vif comme un de ces petits singes moustachus du Jardin zoologique, qui peindrait, peindrait à tour de bras... Fanny Kemble dans le rôle de Belvidera, Hector et Andromaque, ou pourquoi pas le duc de Clarence dans le Muid, le duc de Malvoisie, le Muid de Clarence... Lord Badgery s'était endormi.

Spode ne se fit guère attendre après son télégramme. Dès six heures, il était à Badgery House. M. le baron était dans le salon XIXe siècle, occupé à débarrasser de ses propres mains le bric-à-brac. Spode le trouva échauffé et hors d'haleine.

« Ah ! vous voilà ! » fit Lord Badgery. « Vous me voyez en train de tout préparer déjà pour la venue du grand homme. Et maintenant, dites-moi tout ce que vous avez appris sur lui.

---

4. **Malmsey** : célèbre vin grec ; appellation élargie à tout vin tiré de ce cépage.

5. Le rapport tragique qui lie le duc de Clarence au muid de malvoisie devient comique du fait de l'interversion des termes qui permet à Huxley de jouer sur le sens grivois de **butt** = **buttocks**, *l'arrière-train, la croupe*.

"He's older even than I thought," said Spode. "He's ninety-seven this year. Born in 1816. Incredible, isn't it! There, I'm beginning at the wrong end."

"Begin where you like," said Badgery genially.

"I won't tell you all the incidents of the hunt. You've no idea what a job I had to run him to earth[1]. It was like a Sherlock Holmes[2] story, immensely elaborate[3], too elaborate. I shall write a book about it some day[4]. At any rate, I found him at last."

"Where?"

"In a sort of respectable slum in Holloway[5], older and poorer and lonelier than you could have believed possible. I found out how it was he came to be forgotten, how he came to drop out of life in the way he did. He took it into his head, somewhere about the 'sixties, to go to Palestine to get local colour for his religious pictures—scapegoats[6] and things, you know. Well, he went to Jerusalem and then on to Mount Lebanon and on and on[7], and then, somewhere in the middle of Asia Minor, he got stuck. He got stuck for about forty years."

"But what did he do all that time?"

"Oh, he painted, and started a mission, and converted three Turks, and taught the local Pashas the rudiments of English, Latin, and perspective, and God knows what else.

---

1. **to run something/somebody to earth** : *déterrer, dénicher, dépister,* au propre et au figuré.

2. Illustre détective créé par Conan Doyle en 1887, héros de la célèbre série d'aventures policières qui fit la renommée de son auteur. Holmes est le type même du fin limier qui joint à son sens de l'observation un remarquable pouvoir de déduction.

3. **elaborate** = **intricate**, *complexe, compliqué*. Traduit ici par *rocambolesque*, c.-à-d. riche en péripéties, de Rocambole, le héros des romans-feuilletons (1859-1884) de Ponson du Terrail.

4. L'opportunisme de l'écrivain, son utilitarisme est un thème récurrent chez Huxley.

5. Quartier périphérique au nord de Londres, réputé mal famé à cause de sa prison et de sa pauvreté. Synonyme au XIXe siècle de vie miséreuse.

— Il est encore plus vieux que je ne pensais », dit Spode. « Il a eu quatre-vingt-dix-sept ans cette année. Né en 1816. Incroyable, n'est-ce pas ? Mais voilà que je commence par le mauvais bout !

— Commencez où bon vous semble », dit Badgery avec bonhomie.

« Je vous épargnerai toutes les péripéties de cette chasse à l'homme. Vous n'avez pas idée du mal que j'ai eu à le déterrer. Une histoire à la Sherlock Holmes, des plus rocambolesques, trop même. J'écrirai un jour un bouquin là-dessus. Toujours est-il que j'ai fini par le trouver.

— Où cela ?

— Dans une espèce de taudis bien famé de Holloway, plus vieux, plus pauvre et plus seul qu'on ne le croirait possible. J'ai découvert comment il se fait qu'il soit tombé dans l'oubli, comment il en est venu à disparaître ainsi, sans laisser de trace. Il s'est mis en tête, vers les années soixante, d'aller en Palestine pour donner de la couleur locale à ses tableaux religieux — boucs émissaires et autres choses du même goût, vous voyez ce que je veux dire. Bref, il est allé à Jérusalem, de là au mont Liban, puis encore et toujours plus loin jusqu'à ce qu'il finisse par échouer quelque part au beau milieu de l'Asie Mineure. Il s'y est enlisé pendant près de quarante ans.

— Mais qu'a-t-il fait tout ce temps-là ?

— Bah ! il a fait de la peinture, il a fondé une mission, il a converti trois Turcs et enseigné aux pachas du coin des rudiments d'anglais et de latin, la perspective et Dieu sait quoi encore.

---

6. Au sens propre ici. Allusion biblique au bouc que le prêtre, dans la religion hébraïque, le jour de la fête des Expiations, chargeait des péchés d'Israël (Lévitique, XVI, 8).

7. **on** (adverbe) traduit à la fois la progression dans l'espace **on to** et la continuité de l'action **on and on**.

Then, in about 1904, it seems to have occurred to him that he was getting rather[1] old and had been away from home for rather a long time. So he made his way back to England, only to find that everyone he had known was dead, that the dealers had never heard of him and wouldn't buy his pictures, that he was simply a ridiculous old figure of fun. So he got a job as a drawing-master in a girls' school in Holloway, and there he's been ever since, growing older and older, and feebler and feebler, and blinder and deafer, and generally more gaga, until finally the school has given him the sack[2]. He had about ten pounds in the world when I found him. He lives in a kind of black hole[3] in a basement full of beetles[4]. When his ten pounds are spent, I suppose he'll just quietly die there."

Badgery held up a white hand. "No more, no more. I find literature quite depressing enough. I insist that life at least shall be a little gayer. Did you tell him I wanted him to paint my room?"

"But he can't paint. He's too blind and palsied."

"Can't paint?" Badgery exclaimed in horror. "Then what's the good of the old creature[5]?"

"Well, if you put it like that..." Spode began.

"I shall never have my frescoes. Ring the bell, will you[6]?"

---

1. **rather** (adverbe), *assez, plutôt,* est une litote **(British understatement)** et signifie **very**.

2. **to give somebody the sack (to sack)**: *renvoyer, congédier*; **to get the sack**: *se faire virer*. Même origine que le français *sacquer*, dérivé de l'expression « rendre son sac à quelqu'un ».

3. Symbolique de l'oubliette, habitat logique de l'artiste oublié.

4. **beetle**, terme générique, d'où **black beetle**: *cafard, blatte*; **potato-beetle**: *doryphore*; **dung-beetle**: *bousier*.

5. Embryon de satire sociale sur le mode humoristique. Paradoxalement, l'aristocratie réputée oisive **(the leisured class)**, donc inutile, ne concède le droit d'exister qu'à ceux qui sont utiles.

C'est alors que, vers 1904, l'idée semble lui être venue qu'il se faisait passablement vieux et qu'il s'était absenté de son pays un bon bout de temps. Il a donc regagné l'Angleterre, pour constater ni plus ni moins que tous ceux qu'il avait connus étaient morts, que les marchands de tableaux n'avaient jamais entendu parler de lui et refusaient d'acheter ses toiles, qu'il n'était rien qu'un vieux bouffon ridicule. Alors il a trouvé un emploi de professeur de dessin dans une institution pour jeunes filles, à Holloway, et c'est là qu'il s'est fixé depuis, devenant de plus en plus vieux, de plus en plus faible, de plus en plus aveugle et sourd et, d'une façon générale, de plus en plus gaga, jusqu'à ce qu'un beau jour l'institution le flanque à la porte. Il avait pour seules ressources quelque dix livres, quand je l'ai retrouvé. Il habite une espèce de trou noir dans un sous-sol infesté de cafards. Quand il aura épuisé ses dix livres, je suppose qu'il se contentera d'y mourir tranquillement. »

Badgery leva une main blanche. « Suffit, suffit ! Je trouve que la littérature est déjà passablement déprimante. J'entends que la vie, du moins, soit un peu plus gaie. Lui avez-vous dit que je souhaitais qu'il me peigne mon salon ?

— Mais il est incapable de peindre. Il est trop aveugle, trop impotent.

— Incapable de peindre ? » s'écria Badgery, horrifié. « Mais alors, à quoi sert-il, ce vieux bonhomme ?

— Ma foi, si on voit les choses de cette façon... » commença Spode.

« Je n'aurai jamais mes fresques. Veuillez sonner, je vous prie. »

---

6. **will** s'emploie dans les formules de politesse, non pas en tant qu'auxiliaire du futur, mais au sens fort de *vouloir*. Ex. : **will you marry me?** : *Voulez-vous m'épouser ?* **Ring me up, will you?** : *Téléphonez-moi, s'il vous plaît.*

Spode rang.

"What right has Tillotson to go on existing if he can't paint?" went on Lord Badgery petulantly. "After all, that was his only justification for occupying a place in the sun."

"He doesn't have much sun in his basement."

The footman appeared at the door.

"Get someone to put all these things back in their places," Lord Badgery commanded, indicating with a wave of the hand the ravaged cases, the confusion of glass and china[1] with which he had littered the floor, the pictures unhooked. "We'll go to the library, Spode; it's more comfortable there."

He led the way through the long gallery and down the stairs[2].

"I'm sorry old Tillotson has been such a disappointment," said Spode sympathetically[3].

"Let us talk about something else; he ceases to interest me."

"But don't you think we ought[4] to do something about him? He's only got ten pounds between him and the workhouse[5]. And if you'd seen the black-beetles in his basement!"

"Enough—enough. I'll do everything you think fitting."

"I thought we might[6] get up a subscription amongst lovers of the arts."

"There aren't any," said Badgery.

---

1. **china**: *porcelaine* (de **China porcelain**, **China-ware**), introduite en Angleterre au XVIIe siècle.

2. **he led the way through... and down...** La valeur verbale des prépositions **through** et **down** est rendue en français par des verbes, *traverser* et *descendre*, la locution verbale **led the way** répondant à la question *comment ?*

3. **sympathetically**, faux ami, de **sympathy**: *compréhension*, *compassion*. Qualité qui est le propre de l'écrivain, le seul personnage qui ait un regard sur l'autre, comme il est le seul à avoir un regard sur soi.

Spode sonna.

« De quel droit Tillotson continue-t-il à exister s'il est incapable de peindre ? » poursuivit Lord Badgery avec humeur. « Après tout, c'était sa seule justification pour occuper une place au soleil.

— Il n'en a pas tellement dans son sous-sol. »

Le laquais parut à la porte.

« Faites-moi remettre toutes ces choses à leur place », ordonna Lord Badgery, désignant d'un geste de la main les vitrines ravagées, le pêle-mêle des cristaux et des porcelaines dont il avait jonché le sol, les tableaux décrochés. « Allons dans la bibliothèque, Spode, nous y serons plus à l'aise. »

Badgery ouvrant la marche, ils traversèrent la longue galerie et descendirent l'escalier.

« Je suis navré que ce vieux Tillotson vous ait causé une telle déception », dit Spode, compatissant.

« Parlons d'autre chose, il a cessé de m'intéresser.

— Mais ne pensez-vous pas qu'il faudrait faire quelque chose pour lui ? Il ne lui reste que dix livres avant de finir à l'hospice. Et si vous aviez vu les cafards dans son sous-sol !

— Assez, assez ! Je ferai tout ce que bon vous semble.

— J'ai pensé que nous pourrions lancer une souscription parmi les amateurs d'art.

— Il n'y en a pas », dit Badgery.

---

4. **ought to** : prétérit modal exprimant l'obligation morale, traduit par *falloir* ou *devoir* au conditionnel.

5. **workhouse** : lieu d'hébergement pour les pauvres assujettis, en contrepartie, au travail obligatoire. Institution particulière à l'Angleterre victorienne, dont l'origine remonte à l'époque élisabéthaine (1597-1598), violemment dénoncée par Dickens dans *Oliver Twist*.

6. **might** : prétérit modal exprimant l'éventualité, traduit par *pouvoir* au conditionnel.

"No; but there are plenty of people who will subscribe out of[1] snobbism."

"Not unless you give them something for their money."

"That's true. I hadn't thought of that." Spode was silent for a moment. "We might have a dinner in his honour. The Great Tillotson Banquet. Doyen of British Art. A Link with the Past[2]. Can't you see it in the papers? I'd make a stunt[3] of it in the *World's Review*. That ought to bring in the snobs."

"And we'll invite a lot of artists and critics—all the ones who can't stand one another. It will be fun to see them squabbling." Badgery laughed. Then his face darkened once again. "Still," he added, "it'll be a very poor second best[4] to my frescoes. You'll stay to dinner, of course."

"Well, since you suggest it. Thanks very much."

---

1. **out of**: locution prépositive exprimant la motivation. Ex. : **out of pity** : *par pitié* ; **out of duty** : *par devoir* ; **out of sheer curiosity** : *par simple curiosité.*

2. Comme le prouvent les majuscules, ce sont là les titres d'articles que Spode voit déjà par anticipation dans la presse, signe qu'il présentifie ses désirs à la manière de Badgery.

3. **a stunt**: *un tour de force, un coup d'épate, une prouesse,* d'où **a stuntman**: *un voltigeur, un cascadeur.* Dans le jargon journalistique et

« Certes, mais il y a des tas de gens qui souscriront par snobisme.

— Uniquement si vous leur donnez quelque chose en retour.

— C'est exact. Je n'y avais pas pensé. » Spode demeura un instant silencieux. « Nous pourrions organiser un dîner en son honneur. Le Grand Banquet Tillotson. Le Doyen de l'Art anglais. Un Lien qui nous rattache au Passé. Vous ne voyez pas ça dans les journaux ? Moi, je ferais un battage dans la *Revue du Monde*. Voilà qui devrait nous attirer les snobs.

— Et nous inviterons un tas d'artistes et de critiques, tous ceux qui ne peuvent pas se sentir. Ce sera drôle de les voir se colleter. » Badgery se mit à rire. Puis son visage s'assombrit de nouveau. « N'empêche », ajouta-t-il, « que c'est une bien maigre consolation à côté de mes fresques. Vous restez à dîner, bien entendu.

— Ma foi, puisque vous me le proposez... Très volontiers. »

---

publicitaire, **a stunt article :** *un article tapageur, fracassant,* d'où **to make a stunt :** *faire un plat, un battage.* S'emploie aussi en critique littéraire : **a clever stunt :** *une astuce, un procédé ingénieux*

4. **a second-best : a poor substitute,** *un pis-aller.* Ex. : **as a second-best :** *faute de mieux.*

III

The Tillotson Banquet was fixed to take place about three weeks later. Spode, who had charge of the arrangements, proved himself an excellent organiser. He secured the big banqueting-room at the Café Bomba[1], and was successful in bullying and cajoling the manager into[2] giving fifty persons dinner at twelve shillings[3] a head, including wine. He sent out invitations and collected subscriptions. He wrote an article on Tillotson in the *World's Review*—one of those charming, witty articles, couched in the tone of amused patronage and contempt with which one speaks of the great men of 1840. Nor did he neglect Tillotson himself. He used to go to Holloway almost every day to listen to the old man's endless stories about Asia Minor and the Great Exhibition of '51[4] and Benjamin Robert Haydon. He was sincerely sorry for this relic of another age.

Mr. Tillotson's room was about ten feet below the level of the soil of South Holloway. A little grey light percolated through the area[5] bars, forced a difficult passage through panes opaque with dirt, and spent itself, like a drop of milk that falls into an inkpot, among the inveterate shadows of the dungeon. The place was haunted by the sour smell of damp plaster and of woodwork that has begun to moulder secretly at the heart.

---

1. Vraisemblablement le café Royal à Londres, où depuis les années 1880 se réunissaient les artistes et les gens de lettres. Établissement fréquenté, entre autres, par D.H. Lawrence et par Huxley. Dans *Women in Love* de Lawrence, il porte le nom de « café Pompadour ». Huxley choisit de l'appeler « Bomba », non seulement parce que la restauration est la spécialité des Italiens, mais surtout pour le jeu des implications comiques, *faire la bombe.*

2. **into** (préposition) introduit le résultat obtenu, **giving dinner** ; les verbes **bullying** et **cajoling** précisant les moyens utilisés pour obtenir ce résultat.

III

Il fut décidé que le Banquet Tillotson se tiendrait environ trois semaines plus tard. Spode, que l'on chargea des préparatifs, se révéla excellent organisateur. Il réserva la grande salle des banquets du Café Bomba et, à force d'intimidation et de cajoleries, réussit à obtenir du gérant qu'il servît un dîner de cinquante couverts, pour le prix de douze shillings par tête, vins compris. Il lança les invitations et recueillit les souscriptions. Il écrivit un article sur Tillotson dans la *Revue du Monde*, un de ces articles charmants et spirituels, rédigé sur ce ton de condescendance et de mépris amusés dont on use à propos des grands hommes de 1840. Il ne négligea pas pour autant le vieux Tillotson. Il se rendit presque tous les jours à Holloway pour écouter les interminables histoires du vieillard sur l'Asie Mineure, sur la Grande Exposition de 1851, et sur Benjamin Robert Haydon. Il éprouvait un réel sentiment de pitié pour ce vestige d'un autre temps.

La chambre de Mr. Tillotson était à quelque trois mètres au-dessous du niveau du sol dans South Holloway. Une faible lumière grise filtrait par les barreaux de la courette en contrebas, se forçait péniblement un passage à travers l'opacité des vitres crasseuses, avant de se perdre, telle une goutte de lait tombée dans un encrier, parmi les ombres enracinées de ce cachot. Il y régnait cette odeur aigre de plâtre humide et de bois qui a commencé à pourrir secrètement par le cœur.

---

3. **a shilling**: unité monétaire anglaise, valant un vingtième de la livre, qui n'a plus cours depuis l'entrée de la Grande-Bretagne dans le Marché commun.

4. Exposition internationale, organisée sous l'impulsion du prince Albert, qui marque l'apogée de l'Angleterre industrielle. Cette exposition sans précédent se tint au Crystal Palace construit à Londres pour la circonstance.

5. **the area**: courette sur rue donnant accès au sous-sol habituellement réservé aux cuisines. Typique des maisons victoriennes.

A little miscellaneous furniture, including a bed, a wash-stand and chest of drawers, a table and one or two chairs, lurked[1] in the obscure corners of the den[2] or ventured furtively out into the open. Hither[3] Spode now came almost every day, bringing the old man news of the progress of the banquet scheme. Every day he found Mr. Tillotson sitting in the same place under the window, bathing, as it were, in his tiny puddle of light[4]. "The oldest man that ever wore grey hairs[5]," Spode reflected as he looked at him. Only there were very few hairs left on that bald, unpolished head. At the sound of the visitor's knock Mr. Tillotson would[6] turn in his chair, stare in the direction of the door with blinking, uncertain eyes. He was always full of apologies for being so slow in recognising who was there.

"No discourtesy meant," he would say, after asking. "It's not as if I had forgotten who you were. Only it's so dark and my sight isn't what it was."

After that he never failed to give a little laugh, and, pointing out of the window at the area railings, would say:

"Ah, this is the place for somebody with good sight. It's the place for looking at ankles. It's the grand stand."

It was the day before the great event. Spode came as usual, and Mr. Tillotson punctually made his little joke about the ankles, and Spode as punctually laughed.

---

1. **to lurk**: *se cacher, se tapir sournoisement.* L'intention malveillante est renforcée par l'adverbe **furtively**. Outre l'animosité secrète des choses, on remarquera leur animation, **ventured out into**, qui s'oppose à l'immobilité du vieillard, progressivement évincé du monde des vivants.

2. **a den**: au sens propre, *une tanière, un repaire.* L'animalisation du cadre contraste avec la bienveillante humanité de Tillotson et lui sert de repoussoir.

3. **hither** (adverbe obsolète) = **to this place**.

4. Effet contrasté du clair-obscur à des fins symboliques.

5. Citation de Wordsworth: "The oldest man he seemed that ever wore grey hairs" ("Resolution and Independence", poème composé en 1802 et plus connu sous le titre "The Leech Gatherer").

Quelques meubles disparates, comprenant un lit, une commode-toilette, une table, une ou deux chaises, étaient tapis dans les recoins obscurs de ce réduit, ou s'aventuraient furtivement hors de l'ombre. C'est là que Spode venait à présent, à peu près tous les jours, et qu'il rapportait au vieillard les derniers développements du banquet projeté. Chaque jour, il trouvait Mr. Tillotson assis à la même place, sous la fenêtre, prenant, comme qui dirait, son bain dans la minuscule flaque de lumière. « L'homme le plus vieux qui ait jamais porté cheveux blancs », se disait Spode en le regardant. À ceci près qu'il ne restait plus guère de cheveux sur ce crâne chauve et décati. Chaque fois qu'il entendait son visiteur frapper, Mr. Tillotson se tournait sur sa chaise, écarquillant dans la direction de la porte ses yeux papillotants au regard indécis. Il se confondait toujours en excuses d'être si lent à reconnaître qui était là.

« Sans vouloir vous offenser », disait-il après s'être enquis du nom du visiteur. « Ce n'est pas comme si j'avais oublié qui vous êtes. Mais il fait si sombre et ma vue n'est plus ce qu'elle était. »

Après quoi, il ne manquait jamais d'émettre un petit rire et, montrant du doigt, par la fenêtre, la grille de la courette, ajoutait invariablement :

« Ah ! c'est l'endroit rêvé pour qui a de bons yeux, l'endroit rêvé pour reluquer les chevilles ! C'est la tribune d'honneur. »

C'était la veille du grand jour. Spode arriva comme à l'accoutumée et Mr. Tillotson lança ponctuellement sa petite plaisanterie sur les chevilles que Spode, non moins ponctuellement, accueillit par un rire.

---

6. **would** n'est pas un conditionnel ici, mais un fréquentatif exprimant la répétition d'une action dans le passé. Se traduit en français par l'imparfait d'habitude.

"Well, Mr. Tillotson," he said, after the reverberation of the joke had died away, "to-morrow you make your re-entry into the world of art and fashion. You'll find some changes."

"I've always had such extraordinary luck," said Mr. Tillotson, and Spode could see by his expression that he genuinely believed it, that he had forgotten the black hole and the blackbeetles and the almost exhausted ten pounds that stood between him and the workhouse. "What an amazing piece of good fortune, for instance, that you should[1] have found me just when you did. Now, this dinner will bring me back to my place in the world. I shall have money, and in a little while—who knows?—I shall be able to see well enough to paint again. I believe my eyes are getting better, you know. Ah, the future is very rosy[2]."

Mr. Tillotson looked up, his face puckered into a smile, and nodded his head in affirmation of his words.

"You believe in the life to come?" said Spode, and immediately flushed for shame at the cruelty of the words[3].

But Mr. Tillotson was in far too cheerful a mood to have caught their significance.

"Life to come," he repeated. "No, I don't believe in any of that stuff—not since 1859. The 'Origin of Species[4]' changed my views, you know. No life to come for me, thank you! You don't remember the excitement, of course. You're very young, Mr. Spode."

---

1. **should** : auxiliaire dit putatif, utilisé à toutes les personnes dans une subordonnée conjonctive introduite par **that** lorsque la principale exprime une opinion. Ex. : **It is odd (I find it odd) that you should say this ; How wonderful (it is) that you should have come.**

2. **rosy** : exemple d'ironie dramatique. Tillotson, à son tour, se projette dans l'avenir et prend ses rêves pour la réalité, ce qu'on appelle en anglais **wishful thinking**.

3. À travers Spode, Huxley fait un retour sur lui-même et prend conscience de son cynisme.

« Eh bien ! Mr. Tillotson », dit-il après que l'écho de la plaisanterie se fut perdu, « c'est demain que vous faites votre rentrée dans le monde des arts et de la mode. Vous y trouverez quelques changements.

— J'ai toujours eu une veine extraordinaire », dit Mr. Tillotson, et Spode put voir à son expression qu'il le croyait sincèrement, qu'il avait oublié le trou noir, les cafards et les dix livres qui le séparaient de l'hospice et dont il ne restait presque rien. « Quelle chance inouïe, tenez, que vous m'ayez trouvé au moment précis où vous l'avez fait ! Et ce dîner qui va me redonner ma place dans le monde ! Je vais avoir de l'argent, et qui sait si sous peu je n'y verrai pas assez pour me remettre à peindre ? J'ai le sentiment, voyez-vous, que ma vue s'améliore. Ah ! l'avenir est tout rose ! »

Mr. Tillotson leva les yeux, son visage se plissa en un sourire, et il dodelina de la tête à l'appui de ses dires.

« Vous croyez en la vie future ? » fit Spode, qui aussitôt rougit de honte devant la cruauté de ce qu'il avait dit.

Mais Mr. Tillotson était d'humeur bien trop gaie pour en avoir saisi le sens profond.

« La vie future », répéta-t-il. « Non, je ne crois à aucune de ces sornettes, pas depuis 1859. *L'Origine des espèces*, voyez-vous, a changé ma vision des choses. Pour moi, pas de vie future, non merci ! Vous ne vous souvenez pas, bien sûr, du remous que ça a causé. Vous êtes très jeune, Mr. Spode.

---

4. *De l'origine des espèces au moyen de la sélection naturelle* (1859), ouvrage du naturaliste anglais, Charles Darwin (1809-1882), où il expose ses théories sur l'évolution des espèces. Ce monument marque un tournant dans l'histoire de la pensée du XIXe siècle. Le darwinisme révolutionna les esprits et fut violemment combattu dans les milieux conservateurs et religieux comme allant à l'encontre des idées reçues et portant préjudice à l'enseignement de l'Église. Darwin eut l'appui de nombreux savants : son plus ardent défenseur, surnommé "Darwin's bull-dog", fut Thomas Henry Huxley (1825-1895), grand-père d'Aldous.

"Well, I'm not so old as I was," Spode replied. "You know how middle-aged one is as a schoolboy and undergraduate. Now I'm old enough to know I'm young."

Spode was about to develop this little paradox further, but he noticed that Mr. Tillotson had not been listening. He made a note of the gambit[1] for use[2] in companies that were more appreciative of the subtleties.

"You were talking about the 'Origin of Species,'" he said.

"Was I?" said Mr. Tillotson, waking from reverie.

"About its effect on your faith, Mr. Tillotson."

"To be sure, yes. It shattered my faith. But I remember a fine thing by the Poet Laureate[3], something about there being more faith in honest doubt, believe me, than in all the... all the... I forget exactly what; but you see the train of thought. Oh, it was a bad time for religion. I am glad my master Haydon never lived to see it. He was a man of fervour. I remember him pacing up and down his studio in Lisson Grove[4], singing and shouting and praying all at once. It used almost to frighten me. Oh, but he was a wonderful man, a great man. Take him for all in all, we shall not look upon his like again[5]. As usual, the Bard is right. But it was all very long ago, before your time, Mr. Spode."

"Well, I'm not as old as I was," said Spode, in the hope of having his paradox appreciated this time. But Mr. Tillotson went on without noticing the interruption.

---

1. **a gambit** : coup aux échecs, *jouer gambit* ; au figuré, un trait d'esprit qui permet de briller, d'où *un bon mot, une boutade*.

2. Reprise du thème de l'opportunisme intellectuel.

3. Lord Alfred Tennyson (1809-1892), nommé Poète Lauréat (poète officiel) en 1850. La bribe de citation qui suit est tirée de son élégie "In Memoriam" (1850) : "There lives more faith in honest doubt, / Believe me, than in half the creeds" (XCVI).

4. La maison de Lisson Grove est encore debout, 1 Rossmore Road, dans le quartier de Marylebone, au centre de Londres.

— Ma foi, je suis moins vieux que je ne l'ai été», répliqua Spode. «Vous savez comme on se croit d'âge mûr quand on est écolier ou étudiant. À présent, je suis assez vieux pour me savoir jeune.»

Spode était sur le point de développer plus à fond ce petit paradoxe quand il s'aperçut que Mr. Tillotson ne l'avait pas écouté. Il prit bonne note de la boutade qu'il resservirait à un public plus à même de goûter les subtilités.

«Vous parliez de *L'Origine des espèces*», dit-il.

«Ah oui?» fit Mr. Tillotson, tiré de sa rêverie.

«De ses effets sur votre foi, Mr. Tillotson.

— Pardi! Ça a démoli ma foi. Mais je me souviens d'un beau passage du Poète Lauréat où il dit, à peu de choses près, qu'il y a plus de foi dans le doute honnête, si m'en croyez, que dans tous les... toutes les... je ne me rappelle pas au juste quoi; mais vous voyez où je veux en venir. Oh! ç'a été une époque difficile pour la religion! Je suis content que mon maître, Haydon, n'ait pas vécu assez longtemps pour voir ça. C'était un homme plein de ferveur. Je le revois encore arpentant son atelier de Lisson Grove, chantant, hurlant et priant tout à la fois. Ça me faisait presque peur. Ah! c'est que c'était un homme merveilleux, un grand homme! Et jamais plus, à tout prendre, on ne reverra son pareil. Comme toujours, le Barde a raison. Mais tout cela remonte à très loin, bien avant que vous soyez de ce monde, Mr. Spode.

— Ma foi, je suis moins vieux que je ne l'ai été», dit Spode dans l'espoir que, cette fois, son paradoxe serait apprécié. Mais Mr. Tillotson poursuivit, sans se soucier de l'interruption.

---

5. Citation de Shakespeare devenue proverbiale: "He was a man, take him for all in all, / I shall not look upon his like again" (*Hamlet*, I,2,188).

"It's a very, very long time. And yet, when I look back on it, it all seems but a day or two ago. Strange that each day should seem so long and that many days added together should be less than an hour. How clearly I can see old Haydon pacing up and down! Much more clearly, indeed, than I see you, Mr. Spode. The eyes of memory don't grow dim. But my sight is improving, I assure you; it's improving daily. I shall soon be able to see those ankles." He laughed, like a cracked bell—one of those little old bells, Spode fancied, that ring, with much rattling of wires, in the far-off servants' quarters of ancient houses[1]. "And very soon," Mr. Tillotson went on, "I shall be painting again. Ah, Mr. Spode, my luck is extraordinary. I believe in it, I trust it[2]. And after all, what is luck? Simply another name for Providence, in spite of the 'Origin of Species' and the rest of it. How right the Laureate was when he said that there was more faith in honest doubt, believe me, than in all the... er, the... er... well, you know. I regard you, Mr. Spode, as the emissary of Providence. Your coming marked a turning-point in my life, and the beginning, for me, of happier days. Do you know, one of the first things I shall do when my fortunes are restored will be to buy a hedgehog[3]."

"A hedgehog, Mr. Tillotson?"

"For the blackbeetles. There's nothing like a hedgehog for beetles.

---

1. Image intéressante par la transposition de l'âge en distance, du lointain dans le temps en lointain dans l'espace, sans doute suggérée par la métaphore biblique du corps, habitation de l'âme. La présence de l'adjectif **little (one of those little old bells)**, toujours affecté d'un coefficient affectif, trahit la sympathie de Spode pour Tillotson et ôte à l'image son apparente gratuité.

2. **I believe in it, I trust it**: credo de Tillotson. Le darwinisme a détruit sa croyance en Dieu, mais n'a pas touché à sa foi en la vie. L'optimisme de Tillotson s'oppose au pessimisme névrotique de

« Il y a de cela très, très longtemps. Et pourtant, quand je m'y reporte, c'est comme si c'était hier ou avant-hier. Et dire que chaque jour peut paraître si long, alors que des jours et des jours ajoutés les uns aux autres ne font pas même une heure ! Comme je revois clairement le vieux Haydon arpenter la pièce ! Bien plus clairement, je dois dire, que je ne vous vois, vous, Mr. Spode. Les yeux de la mémoire ne se voilent jamais. Mais ma vue s'améliore, je vous assure, elle s'améliore de jour en jour. Je pourrai les voir bientôt, ces chevilles ! » Il se mit à rire, telle une sonnette fêlée, une de ces vieilles petites sonnettes, songea Spode, qui retentissent avec un tintamarre de fils de fer à l'étage écarté des domestiques, au fond des demeures ancestrales. « Et d'ici peu », reprit Mr. Tillotson, « je me remettrai à la peinture. Ah ! Mr. Spode, j'ai une chance extraordinaire. J'y crois, je m'y fie. Et, après tout, qu'est-ce que la chance ? Simplement un autre nom pour désigner la Providence, et ce, malgré *L'Origine des espèces* et tout le reste. Comme il avait raison, le Lauréat, quand il disait qu'il y avait plus de foi dans le doute honnête, si m'en croyez, que dans tous les... euh ! les... euh ! enfin, vous savez bien. Je vois en vous, Mr. Spode, l'envoyé de la Providence. Votre venue a marqué un tournant dans ma vie et le début, pour moi, de jours meilleurs. Savez-vous, l'une des premières choses que je ferai, sitôt que ma situation sera rétablie, ce sera d'acheter un hérisson.

— Un hérisson, Mr. Tillotson ?

— Pour les cafards. Rien de tel qu'un hérisson pour les cafards.

Haydon, ce qui fait de Tillotson l'image invertie de Haydon : Tillotson a la joie de vivre, sans la foi en Dieu, inversement, Haydon avait la foi sans la joie de vivre.

3. L'humour vient de l'effet de surprise et de la disparité entre l'hyperbole **(when my fortunes are restored)** et le trivial **(hedgehog)**.

It will eat blackbeetles till it's sick, till it dies of surfeit. That reminds me of the time when I told my poor great master Haydon—in joke, of course—that he ought to send in a cartoon[1] of King John dying of a surfeit of lampreys[2] for the frescoes in the new Houses of Parliament[3]. As I told him, it's a most notable event in the annals of British liberty—the providential and exemplary removal of a tyrant."

Mr. Tillotson laughed again—the little bell in the deserted house; a ghostly hand pulling the cord in the drawing-room, and phantom footmen responding to the thin, flawed note.

"I remember he laughed, laughed like a bull in his old grand manner. But oh, it was a terrible blow when they rejected his designs[4], a terrible blow! It was the first and fundamental cause of his suicide."

Mr. Tillotson paused. There was a long silence. Spode felt strangely moved, he hardly knew why, in the presence of this man, so frail, so ancient, in body three parts dead, in the spirit so full of life and hopeful patience. He felt ashamed[5]. What was the use of his own youth and cleverness? He saw himself suddenly as a boy with a rattle scaring birds—rattling his noisy cleverness, waving his arms in ceaseless and futile activity, never resting in his efforts to scare away the birds that were always trying to settle in his mind.

---

1. **a cartoon**: au sens premier du terme, *un carton*, c.-à-d. une étude, un projet de fresque ou de tableau. Le sens de *caricature* est un sens dérivé, introduit par la revue *Punch* en juin 1843, "*Punch's* cartoons" devant désigner les caricatures inspirées par le projet de décoration du Parlement.

2. Tillotson n'est pas à l'abri d'une inexactitude historique. Jean sans Terre (1167-1216), le roi honni, serait mort empoisonné ou des suites d'une indigestion de pêches et d'un excès de cidre. En revanche, Henri Ier, fils de Guillaume le Conquérant, mourut en 1135 d'une indigestion de lamproies.

Il mange les cafards à s'en rendre malade, à en crever d'indigestion. Ça me rappelle la fois où j'ai dit à mon pauvre grand maître, Haydon, en plaisantant, bien sûr, qu'il devait soumettre pour les fresques du nouveau Parlement un carton représentant le roi Jean mourant d'une indigestion de lamproies. Comme je le lui ai dit, c'est là un événement tout à fait remarquable dans les annales de la liberté de notre pays — l'élimination providentielle et exemplaire d'un tyran. »

Mr. Tillotson se reprit à rire — la petite sonnette dans la demeure abandonnée, une main spectrale tirant le cordon dans le salon, et des laquais fantômes répondant à l'appel de la note grêle et fêlée.

« Je me souviens qu'il a ri, de son rire de taureau, ce rire tonitruant qui lui était coutumier. Mais hélas ! ç'a été un coup terrible quand on lui a refusé ses dessins, un coup terrible ! Ç'a été la cause première et fondamentale de son suicide. »

Mr. Tillotson se tut. Il y eut un long silence. Spode se sentit étrangement ému, sans trop savoir pourquoi, en la présence de cet homme si frêle, si âgé, mort aux trois quarts par le corps, et par l'esprit si plein de vie et de patient espoir. Il eut honte. Et lui, quel usage faisait-il de sa jeunesse, de son intelligence ? Il se vit, tout à coup, gamin, une crécelle à la main, effarouchant les oiseaux, faisant tourner le moulinet de sa bruyante intelligence, agitant les bras en une activité incessante et futile, sans jamais se reposer de ses efforts pour écarter les oiseaux qui cherchaient toujours à se poser dans son esprit.

---

3. Le Palais de Westminster, détruit par un incendie en 1834, fut reconstruit dans le style néo-gothique (1840-1867). En juin 1843, un concours fut ouvert pour la décoration du nouveau Parlement.

4. Haydon présenta deux cartons, "The Curse on Adam and Eve" et "Edward the Black Prince Entering London in Triumph", dont aucun ne fut retenu par la commission de sélection.

5. Prélude à la conscience de soi.

And what birds! wide-winged and beautiful, all those serene thoughts and faiths and emotions that only visit[1] minds that have humbled themselves to quiet[2]. Those gracious visitants[3] he was for ever using all his energies to drive away. But this old man, with his hedgehogs and his honest doubts and all the rest of it—his mind was like a field made beautiful by the free coming and going, the unafraid alightings of a multitude of white, bright-winged creatures. He felt ashamed. But then, was it possible to alter one's life? Wasn't it a little absurd to risk a conversion[4]? Spode shrugged his shoulders.

"I'll get you a hedgehog at once," he said. "They're sure to have some at Whiteley's."[5]

Before he left that evening Spode made an alarming discovery. Mr. Tillotson did not possess a dress-suit[6]. It was hopeless to think of getting one made at this short notice, and, besides, what an unnecessary expense!

"We shall have to borrow a suit, Mr. Tillotson. I ought to have thought of that before."

"Dear me, dear me." Mr. Tillotson was a little chagrined by this unlucky discovery. "Borrow a suit?"

Spode hurried away for counsel to Badgery House. Lord Badgery surprisingly rose to the occasion. "Ask Boreham to come and see me," he told the footman who answered his ring.

---

1. **to visit** : *visiter* au sens religieux du terme (cf. la Visitation).

2. **quiet** (substantif) : forme littéraire de **quietness**.

3. **gracious visitants** : Huxley joue sur la pluralité sémantique de **gracious** et de **visitant**. **Gracious** : *gracieux*, au sens d'élégant **(graceful)** et de porteur de la grâce. **A visitant** : *un visiteur* (poét.) ; *une visitandine* (religieuse de l'ordre de la Visitation) ; *un oiseau migrateur* **(a migratory bird)**. D'où la symbolique de l'oiseau, messager céleste.

4. La tentation de Spode est celle de son auteur. Ce passage est significatif de la tension sous-jacente à l'œuvre de Huxley jusqu'à la conversion qui sera sa ligne de force. Calamy, dans *Those Barren Leaves* (1925), est le premier personnage à « risquer » cette conversion pour le compte de l'auteur, avant que Huxley ne l'assume en personne au lendemain de *Brave New World* (1932).

Et quels oiseaux ! Magnifiques, avec de larges ailes, toutes ces pensées, ces croyances, ces émotions sereines qui ne visitent que les esprits qui, à force d'humilité, ont accédé à la paix. Ces gracieux hôtes de passage que, de tout temps et de toutes ses forces, il s'évertuait à chasser ! Mais ce vieillard, avec ses hérissons, ses doutes honnêtes et tout le reste — son esprit était comme un champ qu'embellit toute une nuée de blanches créatures aux ailes de lumière qui vont et viennent en liberté et se posent en confiance. Il eut honte. Mais quoi ! peut-on changer sa vie ? N'est-il pas un brin absurde de risquer une conversion ? Spode haussa les épaules.

« Je vais tout de suite vous trouver un hérisson », dit-il. « Il y en a certainement chez Whiteley. »

Avant de partir, ce soir-là, Spode fit une découverte alarmante. Mr. Tillotson n'avait pas d'habit. Il était vain de songer à en faire faire un à si brève échéance et, d'ailleurs, que de frais inutiles !

« Il va falloir que nous empruntions un habit, Mr. Tillotson. J'aurais dû y penser plus tôt.

— Mon Dieu, mon Dieu ! » Mr. Tillotson fut quelque peu chagriné de cette malencontreuse découverte. « Emprunter un habit ? »

Spode courut prendre conseil à Badgery House. Contre toute attente, Lord Badgery se montra à la hauteur de la situation. « Demandez donc à Boreham de venir me voir », dit-il au laquais qui avait répondu à son coup de sonnette.

---

5. **Whiteley's** (sous-entendu **store**) : le plus ancien des grands magasins de Londres, situé dans le quartier de Bayswater.

6. **dress-suit** : synonyme de **dress-coat** ou **evening suit** : *habit* (de soirée). À ne pas confondre avec **dinner-jacket** : *smoking*.

Boreham was one of those immemorial butlers who linger on, generation after generation, in the houses of the great[1]. He was over eighty now, bent, dried up, shrivelled with age.

"All old men are about the same size," said Lord Badgery. It was a comforting theory. "Ah, here he is. Have you got a spare[2] suit of evening clothes, Boreham?"

"I have an old suit, my lord[3], that I stopped wearing in—let me see—was it nineteen seven or eight?"

"That's the very thing. I should be most grateful, Boreham, if you could lend it to me for Mr. Spode here for a day."

The old man went out, and soon reappeared carrying over his arm a very old black suit. He held up the coat and trousers for inspection. In the light of day they were deplorable.

"You've no idea, sir," said Boreham deprecatingly[4] to Spode—"you've no idea how easy things get stained with grease and gravy and what not. However careful you are, sir—however careful."

"I should[5] imagine so." Spode was sympathetic.

"However careful, sir."

"But in artificial light[6] they'll look all right."

"Perfectly all right," Lord Badgery repeated. "Thank you, Boreham; you shall have them back on Thursday."

---

1. **the great**: adjectif substantivé à valeur collective. Ex.: **the poor**: *les pauvres*; **the rich**: *les riches.*

2. **spare** (adjectif): synonyme de **extra**: *supplémentaire, de réserve, de rechange.* Ex.: **a spare wheel**: *une roue de secours*; **a spare room**: *une chambre d'ami.*

3. À la différence de l'anglais qui permet aux serviteurs de s'adresser à leurs maîtres au discours direct, l'usage en français veut que les domestiques aient recours au style indirect.

4. **deprecatingly**: synonyme ici de **apologetically**: *en manière d'excuse.*

5. **should**: utilisé ici comme élément pondérateur du discours. Se traduit souvent en français par l'adverbe modérateur *volontiers.* Emploi

Boreham était un de ces maîtres d'hôtel immémoriaux qui s'attardent, au fil des générations, dans la demeure des grands. C'était à présent un homme de plus de quatre-vingts ans, voûté, desséché, ratatiné par l'âge.

« Tous les vieillards sont grosso modo de la même taille », déclara Lord Badgery. C'était là une théorie réconfortante. « Ah ! le voici ! Boreham, avez-vous un habit de rechange ?

— Je crois pouvoir dire à Monsieur le baron que j'ai un vieil habit que je ne porte plus depuis... voyons... est-ce dix-neuf cent sept ou dix-neuf cent huit ?

— C'est exactement ce qu'il nous faut. Je vous serais très obligé, Boreham, si vous pouviez me le confier pour que Mr. Spode, que voici, puisse en disposer le temps d'une journée. »

Le vieillard s'éclipsa et reparut bientôt, portant sur le bras un très vieux costume noir. Il présenta l'habit et le pantalon qu'il soumit à leur examen. À la lumière du jour, ils faisaient un effet déplorable.

« Monsieur n'a pas idée », dit Boreham à Spode comme pour s'excuser, « Monsieur n'a pas idée de la facilité avec laquelle on tache ses affaires avec de la graisse, de la sauce et que sais-je encore... Monsieur n'a pas idée, on a beau être soigneux, aussi soigneux que possible...

— Je l'imagine aisément. » Spode témoigna de la sympathie.

« On a beau être soigneux...

— Mais à la lumière artificielle, ça fera très bien.

— Ce sera parfait », renchérit Lord Badgery. « Je vous remercie, Boreham ; on vous rendra ça jeudi.

---

idiomatique dans les expressions du type **I should think, I should say** : *il me semble, à mon sens.*

6. **in artificial light** : s'oppose à **in the light of day**. L'adjectif **artificial** prend tout son sens à la lumière de ce qui suit : l'exhumation de Tillotson n'est qu'une exhibition factice.

"You're welcome, my lord, I'm sure." And the old man bowed and disappeared.

On the afternoon of the great day Spode carried up to[1] Holloway a parcel containing Boreham's retired[2] evening-suit and all the necessary appurtenances in the way of shirts and collars. Owing to the darkness and his own feeble sight Mr. Tillotson was happily unaware of the defects in the suit. He was in a state of extreme nervous agitation. It was with some difficulty that Spode could prevent him, although it was only three o'clock, from starting his toilet on the spot.

"Take it easy, Mr. Tillotson, take it easy. We needn't start till half-past seven, you know."

Spode left an hour later, and as soon as he was safely[3] out of the room Mr. Tillotson began to prepare himself for the banquet. He lighted the gas and a couple[4] of candles, and, blinking myopically at the image that fronted him in the tiny looking-glass that stood on his chest of drawers, he set to work, with all the ardour of a young girl preparing for her first ball. At six o'clock, when the last touches had been given, he was not unsatisfied.

He marched up and down his cellar, humming to himself the gay song which had been so popular in his middle years:

"Oh, oh, Anna Maria Jones!
Queen of the tambourine, the cymbals, and the bones!"[5]

---

1. **up to**: locution prépositive exprimant ici un trajet centripète. Ex. : **he came up to me**, *il vint à moi*; **she travelled up to Paris**, *elle monta à Paris*.

2. **retired**: l'humour vient de l'hypallage qui transfère l'épithète **retired** de l'homme à l'habit.

3. **safely**: au sens de **for good, for certain**: *bel et bien, sûr et certain, pour de bon*.

4. **a couple of**: équivaut à *deux ou trois*. S'oppose à **a pair of**, numériquement précis, *une paire, un couple de*.

5. Chanson à succès de W. Albain, publiée à Londres en 1874, tout à fait dans l'esprit des célèbres *Nonsense Songs* (1871) du poète Edward

— Si je puis être agréable à Monsieur le baron, c'est avec plaisir. » Et le vieillard s'inclina et disparut.

Dans l'après-midi du grand jour, Spode porta jusqu'à Holloway un paquet contenant l'habit retraité de Boreham, ainsi que tous les accessoires nécessaires en fait de chemises et de faux cols. Grâce à l'obscurité et à la faiblesse de sa vue, Mr. Tillotson resta heureusement dans l'ignorance des défauts du costume. Il était dans un état de grande fébrilité. Ce ne fut pas sans difficulté que Spode parvint à l'empêcher, bien qu'il ne fût que trois heures, de commencer sur-le-champ sa toilette.

« Prenez tout votre temps, Mr. Tillotson, tout votre temps. Il est inutile, voyez-vous, que nous partions avant sept heures et demie. »

Spode le quitta une heure plus tard. Sitôt que son visiteur fut sorti pour de bon de la pièce, Mr. Tillotson entreprit de se préparer pour le banquet. Il alluma le gaz et deux ou trois bougies et, clignant de ses yeux de myope en direction de l'image qui le confrontait dans le miroir minuscule posé sur la commode, il se mit à l'ouvrage avec toute l'ardeur d'une jeune fille qui s'apprête pour son premier bal. À six heures, les dernière retouches apportées, il n'était pas mécontent.

Il arpenta sa cave en fredonnant la chanson gaie qui avait connu un tel succès à l'époque de ses cinquante ans.

Oh ! oh ! Anna Maria Jones,
Reine du tambourin, des cymbales et des osselets !

Lear. Citée par Huxley à cause du dernier couplet qui comprend deux allusions topiques : "**All the fine arts** she's a passion for, / In drawing she's *au fait*, / She drew a **badger** so like life / The critur ran away." Tillotson apporte une variante au refrain, "Anna Maria, Anna Maria, Anna Maria Jones! / Queen of the tambourine, the 'cordion and the bones!"

Spode arrived an hour later in Lord Badgery's second Rolls-Royce[1]. Opening the door of the old man's dungeon, he stood for a moment, wide-eyed with astonishment, on the threshold. Mr. Tillotson was standing by the empty grate, one elbow resting on the mantelpiece, one leg crossed over the other in a jaunty and gentlemanly attitude. The effect of the candlelight shining on his face was to deepen every line and wrinkle with intense black shadow; he looked immeasurably old. It was a noble and pathetic head. On the other hand[2], Boreham's outworn evening-suit was simply buffoonish. The coat was too long in the sleeves and the tail; the trousers bagged in elephantine[3] creases about his ankles. Some of the grease-spots were visible even in candlelight. The white tie[4], over which Mr. Tillotson had taken infinite pains and which he believed in his purblindness to be perfect, was fantastically[5] lop-sided. He had buttoned up his waistcoat in such a fashion that one button was widowed of its hole and one hole of its button. Across his shirt front lay the broad green ribbon of some unknown Order.

"Queen of the tambourine, the cymbals, and the bones," Mr. Tillotson concluded in a gnat-like[6] voice before welcoming his visitor.

"Well, Spode, here you are. I'm dressed already, you see.

---

1. L'écurie automobile de Badgery comprend deux Rolls-Royce, une de première classe et une de seconde classe. Tillotson n'a droit qu'à la seconde, ce qui sous-entend qu'il est un héros de second ordre **(second-rate)**, pour ne pas dire d'occasion **(second-hand)**, puisqu'il porte un habit d'emprunt.

2. **on the other hand** : présuppose un premier énoncé **on the one hand** *(d'un côté)* et introduit un démenti *(d'un autre côté)*. L'antithèse vient souligner la contradiction entre l'être, **noble and pathetic**, et le paraître, **buffoonish**.

3. **elephantine** : au sens propre, *éléphantin*, c.-à-d. relatif à l'éléphant ; au figuré, *éléphantesque, énorme*. L'image animale est caricaturale et doit garder son côté visuel en français.

Spode arriva une heure après dans la deuxième Rolls-Royce de Lord Badgery. Ouvrant la porte du cachot du vieillard, il s'arrêta un instant sur le seuil, les yeux écarquillés de stupeur. Mr. Tillotson se tenait debout devant l'âtre vide, un coude posé sur le manteau de la cheminée, une jambe croisée devant l'autre, affichant la désinvolture de l'homme du monde. La clarté de la chandelle qui tombait sur son visage avait pour effet d'accuser chacun des plis, chacune des rides, d'une épaisse ombre noire. Il avait l'air immensément vieux. C'était une tête noble et émouvante. D'un autre côté, l'habit élimé de Boreham était tout simplement clownesque. Les manches et les basques étaient trop longues ; le pantalon se gondolait en plis éléphantins au niveau des chevilles. Certaines taches de graisse se voyaient même à la bougie. Le nœud papillon blanc, pour lequel Mr. Tillotson s'était donné tant de mal et que dans sa quasi-cécité il avait cru parfait, était de travers comme il n'est pas permis. Le vieil homme avait boutonné son gilet de telle sorte que l'un des boutons était veuf de sa boutonnière et une boutonnière veuve de son bouton. Son plastron de chemise était barré du large ruban vert de quelque ordre inconnu.

« Reine du tambourin, des cymbales et des osselets », conclut Mr. Tillotson d'une voix de moucheron avant d'accueillir son visiteur.

« Ah ! Spode, vous voilà ! Je suis fin prêt, vous voyez.

---

4. **a tie** : abréviation courante de **a bow-tie** : *un nœud papillon.* À noter que **white tie**, en tant que partie d'un tout, signifie par extension *habit, tenue de soirée*, et **black tie**, *smoking.*

5. **fantatiscally** : de **fantastic** (adjectif), *inconcevable, inimaginable, inénarrable.*

6. **a gnat** : *un moucheron.* L'humour du passage repose sur le contraste imagé entre l'infiniment grand (l'éléphant) et l'infiniment petit (le moucheron).

The suit, I flatter myself[1], fits very well, almost as though it had been made for me. I am all gratitude to the gentleman who was kind enough to lend it to me; I shall take the greatest care of it. It's a dangerous thing to lend clothes. For loan oft loseth both itself and friend[2]. The Bard is always right."

"Just one thing," said Spode. "A touch to your waistcoat." He unbuttoned the dissipated garment and did it up[3] again more symmetrically.

Mr. Tillotson was a little piqued at being found so absurdly in the wrong. "Thanks, thanks," he said protestingly, trying to edge away from his valet. "It's all right, you know; I can do it myself. Foolish oversight. I flatter myself the suit fits very well."

"And perhaps the tie might..." Spode began tentatively. But the old man would not hear of it.

"No, no. The tie's all right. I can tie a tie, Mr. Spode. The tie's all right. Leave it as it is, I beg."

"I like your Order."

Mr. Tillotson looked down complacently at his shirt front. "Ah, you've noticed my Order. It's a long time since I wore that. It was given me by the Grand Porte[4], you know, for services rendered in the Russo-Turkish War[5]. It's the Order of Chastity[6], the second class[7]. They only give the first class to crowned heads, you know—crowned heads and ambassadors.

---

1. La scène est dominée par l'enflure du personnage. L'autosatisfaction de Tillotson est d'autant plus comique qu'elle est insistante (répétition de **I flatter myself**) et injustifiée.

2. Citation de Shakespeare, *Hamlet*, I,3,76.

3. **did it up = buttoned it up.** D'une façon générale, **to do something up = to restore, to repair.** Ex. : **the house needs doing up :** *la maison a besoin d'être remise en état.*

4. La Porte, Sublime Porte, ou Porte Ottomane, nom donné à l'empire ottoman jusqu'à l'instauration de la république (1923).

5. Guerre de 1877-1878 qui se solda pour la Turquie par une écrasante défaite.

L'habit, je m'en félicite, me va très bien, presque comme s'il avait été fait sur mesure. Je suis pénétré de gratitude envers le monsieur qui a eu la bonté de me le prêter ; j'en prendrai le plus grand soin. C'est une chose dangereuse que de prêter des vêtements, car qui prête perd souvent et l'objet prêté et l'ami. Le Barde a toujours raison.

— Juste un détail », dit Spode. « Une retouche à votre gilet. » Il déboutonna le vêtement indiscipliné et le rajusta de façon plus symétrique.

Mr. Tillotson fut quelque peu dépité d'avoir été si ridiculement pris en faute. « Merci, merci », protesta-t-il, essayant de se dégager des mains de son valet. « Ça va très bien, vous savez ; je peux le faire moi-même. Stupide négligence ! Je me flatte que ce costume me va très bien.

— Et peut-être que le nœud pourrait... », hasarda Spode. Mais le vieillard ne voulut rien entendre.

« Non, non. Le nœud est très bien. Je sais faire un nœud, Mr. Spode. Le nœud va très bien. Laissez-le tel qu'il est, je vous prie.

— Votre décoration me plaît. »

Mr. Tillotson jeta un regard complaisant sur son plastron. « Ah ! vous avez remarqué ma décoration. Il y a bien longtemps que je ne l'ai portée. Elle m'a été décernée par la Sublime Porte, voyez-vous, pour services rendus pendant la guerre russo-turque. C'est l'ordre de la Chasteté, la deuxième classe. On ne donne la première classe qu'aux têtes couronnées, voyez-vous, aux têtes couronnées et aux ambassadeurs.

---

6. Il ne s'agit pas, contrairement à ce qu'on pourrait croire, d'une invention de l'auteur, mais d'une décoration créée par la Porte en 1878, appelée ordre de la Charité pour les hommes et ordre de la Chasteté pour les femmes.

7. Voir note 1, p. 60. Tillotson est doublement de seconde classe, vu qu'il est titulaire d'un sous-ordre, celui des femmes.

And only Pashas of the highest rank get the second. Mine's the second. They only give the first class to crowned heads..."

"Of course, of course," said Spode.

"Do you think I look all right, Mr. Spode?" Mr. Tillotson asked, a little anxiously[1].

"Splendid, Mr. Tillotson—splendid. The Order's magnificent."

The old man's face brightened once more. "I flatter myself," he said, "that this borrowed suit fits me very well. But I don't like borrowing clothes. For loan oft loseth both itself and friend, you know. And the Bard is always right."

"Ugh, there's one of those horrible beetles!" Spode exclaimed.

Mr. Tillotson bent down and stared at the floor. "I see it," he said, and stamped on a small piece of coal, which crunched to powder[2] under his foot. "I shall certainly buy a hedgehog."

It was time for them to start. A crowd of little boys and girls had collected round Lord Badgery's enormous car. The chauffeur, who felt that honour and dignity were at stake[3], pretended[4] not to notice the children, but sat gazing, like a statue, into eternity[5]. At the sight of Spode and Mr. Tillotson emerging from the house a yell of mingled awe[6] and derision went up.

---

1. Retour à la modestie naturelle de Tillotson dont la superbe n'était qu'une pose, une attitude d'emprunt.

2. **crunched to powder** : la préposition **to** introduit le résultat **powder**, le verbe **crunched** indiquant la manière dont ce résultat est obtenu. Ex. : **to fly to pieces** : *voler en éclats.*

3. **at stake** : expression dérivée de **a stake** : *un enjeu*, d'où **at stake** = **at risk.** Ex. : **our future is at stake** : *notre avenir est en jeu, il s'agit de* ou *il y va de notre avenir.*

4. **to pretend** : le plus souvent, comme ici, faux ami = **to feign** : *feindre, faire semblant, faire mine de.*

Et seuls les pachas du plus haut rang obtiennent la deuxième. Moi, j'ai la deuxième. On ne donne la première classe qu'aux têtes couronnées...

— Bien entendu, bien entendu », dit Spode.

« Me trouvez-vous présentable, Mr. Spode ? » demanda Mr. Tillotson, un peu inquiet.

« Vous êtes superbe, Mr. Tillotson, superbe ! La décoration est magnifique. »

Le visage du vieillard s'illumina de nouveau. « Je me flatte », dit-il, « que cet habit emprunté me va très bien. Mais je n'aime pas emprunter de vêtements, car qui prête perd souvent et l'objet prêté et l'ami, vous savez. Et le Barde a toujours raison.

— Pouah ! Voilà un de ces affreux cafards ! » s'exclama Spode.

Mr. Tillotson se pencha et fixa les yeux sur le sol. « Je le vois », dit-il, et il écrasa un petit morceau de charbon qui se réduisit en poudre sous son pied. « C'est sûr que je vais acheter un hérisson. »

Il était l'heure de partir. Une ribambelle de petits garçons et de petites filles s'était attroupée autour de l'énorme voiture de Lord Badgery. Le chauffeur, qui sentait qu'il y allait de l'honneur et de la dignité, faisait mine d'ignorer les enfants et demeurait figé, comme une statue, dans la contemplation de l'éternité. À la vue de Spode et de Mr. Tillotson qui sortaient de la maison, s'éleva une clameur tout à la fois admirative et moqueuse.

---

5. **gazing into eternity :** la préposition **into** traduit ici la pénétration, la plongée du regard. Ex. : **to gaze into space :** *regarder dans le vide.*

6. **awe :** intraduisible en français. Exprime une crainte révérencielle. Ex. : **to stand in awe of somebody :** *être intimidé, impressionné par quelqu'un* ; **to keep someone in awe :** *tenir quelqu'un en respect.*

It subsided to an astonished silence as they climbed into the car. "Bomba's[1]," Spode directed. The Rolls-Royce gave a faintly stertorous[2] sigh and began to move. The children yelled again, and ran along beside[3] the car, waving their arms in a frenzy of excitement. It was then that Mr. Tillotson, with an incomparably noble gesture, leaned forward and tossed among the seething crowd of urchins his three last coppers[4].

---

1. **Bomba's** (sous-entendu **eating-house**) : cf. chez Maxim's. Le cas possessif incomplet s'emploie lorsqu'on sous-entend les noms **shop, house, church, cathedral, school, college, hospital,** à moins que ces mots ne soient indispensables à la clarté de la phrase.

2. **stertorous** : terme médical qui qualifie une respiration bruyante accompagnée de ronflement. L'introduction d'un mot clinique inattendu fait partie de l'humour de Huxley.

3. **ran along beside** : la postposition de mouvement **along** vient renforcer le mouvement exprimé par le verbe **ran** ; la préposition **beside** *(à côté de)* localise ce mouvement.

Elle retomba et fit place à un silence effaré lorsqu'ils montèrent dans la voiture. « Chez Bomba », ordonna Spode. La Rolls-Royce exhala un soupir légèrement stertoreux et s'ébranla. De nouveau, les enfants poussèrent une clameur, puis suivirent la voiture, courant à la portière et agitant les bras, en proie à une exaltation délirante. C'est alors que Mr. Tillotson, d'un geste d'une noblesse à nulle autre pareille, se pencha en avant et lança parmi la marmaille en effervescence ses trois derniers pennies.

---

4. **his three last coppers :** forme emphatique de **his last three coppers**. L'ordre inversé des adjectifs (cardinal + ordinal) fait porter l'accent sur le nombre **three**. **A copper = a penny**, ou un multiple **(twopence)** ou sous-multiple **(halfpenny)** du **penny**, du nom du métal utilisé pour la fabrication. Le penny valait un douzième du **shilling** avant l'adoption par la Grande-Bretagne du système décimal en 1971.

IV

In Bomba's big room the company was assembling. The long gilt-edged mirrors[1] reflected a singular collection of people. Middle-aged Academicians[2] shot suspicious glances at youths whom they suspected, only too correctly, of being iconoclasts, organisers of Post-Impressionist Exhibitions. Rival art critics, brought suddenly face to face, quivered with restrained hatred. Mrs. Nobes[3], Mrs. Cayman[4], and Mrs. Mandragore[5], those indefatigable hunters[6] of artistic big game, came on one another all unawares in this well-stored menagerie, where each had expected to hunt alone, and were filled with rage. Through this crowd of mutually repellent vanities Lord Badgery moved with a suavity that seemed unconscious of all the feuds and hatreds. He was enjoying himself immensely. Behind the heavy waxen mask of his face, ambushed behind the Hanoverian nose, the little lustreless pig's eyes, the pale thick lips, there lurked a small devil of happy malice[7] that rocked with laughter.

"So nice of you to have come, Mrs. Mandragore, to do honour to England's artistic past. And I'm so glad to see you've brought dear Mrs. Cayman. And is that Mrs. Nobes, too? So it is! I hadn't noticed her before. How delightful! I knew we could depend on your love of art."

---

1. Le café Royal était connu pour ses dorures et ses glaces biseautées.

2. Membres de la Royal Academy (l'Académie des Beaux-Arts), institution qui comprend 40 membres.

3. Nom sans doute inspiré de l'argot, **a nob** : *un aristo, un richard* (d'où **the nobs** : *les gens de la haute, les rupins*), et que l'homophonie apparente au mot **snob,** *un m'as-tu vu.*

4. **a cayman** : *un caïman.* Épithète étiquette pour qui a la dent dure ou les dents longues.

5. Forme francisée de l'anglais **mandragora**, plante vénéneuse réputée, selon les doses, engendrer la vanité ou provoquer l'idiotie. Le trio féminin, Mrs. Nobes, Mrs. Cayman et Mrs. Mandragore, est une

IV

Dans la grande salle du Café Bomba, les convives se rassemblaient. Les longues glaces dans leurs cadres dorés reflétaient un curieux assortiment de gens. Des académiciens entre deux âges décochaient des regards méfiants aux jeunes qu'ils soupçonnaient, non sans raison, d'être des iconoclastes et d'organiser des Salons post-impressionnistes. Des critiques d'art rivaux, mis soudain face à face, frémissaient de haine contenue. Mrs. Nobes, Mrs. Cayman et Mrs. Mandragore, ces infatigables chasseresses de gros gibier artistique, eurent la surprise de se retrouver nez à nez dans cette ménagerie bien pourvue, où chacune avait espéré chasser seule, et furent remplies de rage. Parmi cette foule où les vanités se repoussaient mutuellement, Lord Badgery évoluait avec une suavité qui semblait ignorer toutes les frictions et les inimitiés. Il s'amusait follement. Derrière le masque lourd et cireux de son visage, tapi derrière le nez hanovrien, les petits yeux porcins au regard vitreux, les lèvres pâles et charnues, se cachait un petit démon de malice qui se tordait de rire.

« Que c'est aimable à vous, Mrs. Mandragore, d'être venue honorer le passé artistique de l'Angleterre ! Et je suis si heureux de voir que vous avez amené cette chère Mrs. Cayman. Et se peut-il que Mrs. Nobes soit également des nôtres ? Mais oui ! Je ne l'avais pas encore remarquée. Un vrai plaisir ! Je savais bien que nous pouvions compter sur votre amour de l'art. »

---

allégorisation des principaux vices de la vie mondaine, la vanité, la voracité et l'imbécillité.

6. **a hunter** : au sens de **lion-hunter**. Se dit au figuré d'un hôte ou d'une hôtesse qui cherche à attirer des célébrités **(lions)** dans son salon.

7. **malice** : le sens négatif de **malice** est ici neutralisé par l'adjectif **happy**.

And he hurried away to seize the opportunity of introducing that eminent sculptor, Sir Herbert Herne[1], to the bright young critic who had called him, in the public prints, a monumental mason[2].

A moment later the Maître d'Hôtel came to the door of the gilded saloon[3] and announced, loudly and impressively, "Mr. Walter Tillotson." Guided from behind by young Spode, Mr. Tillotson came into the room slowly and hesitatingly. In the glare of the lights his eyelids beat heavily, painfully, like the wings of an imprisoned moth[4], over his filmy eyes. Once inside the door he halted and drew himself up with a conscious assumption of dignity. Lord Badgery hurried forward and seized his hand.

"Welcome, Mr. Tillotson—welcome in the name of English art!"

Mr. Tillotson inclined his head in silence. He was too full of emotion to be able to reply.

"I should like to introduce you to a few of your younger colleagues, who have assembled here to do you honour."

Lord Badgery presented everyone in the room to the old painter, who bowed, shook hands, made little noises in his throat, but still found himself unable to speak. Mrs. Nobes, Mrs. Cayman, and Mrs. Mandragore all said charming things.

---

1. Le nom n'est peut-être pas sans rapport avec la légende de Herne the Hunter, possédé par le démon de la chasse et condamné à chasser pour l'éternité. Sir Herbert Herne serait cet autre chasseur à l'affût des honneurs, hypothèse d'autant plus séduisante que la métaphore de la chasse a déjà été introduite à propos des personnages féminins.

2. **a monumental mason :** *un marbrier, un entrepreneur de monuments funéraires*, de **monument**, *un monument commémoratif* ou *funéraire*. Du fait que Sir Herbert Herne incarne l'académisme victorien, on peut y voir une allusion moqueuse aux nombreux cénotaphes élevés à la mémoire du prince Albert, dont celui de Londres, The Albert Memorial.

Et il s'esquiva pour ne pas manquer l'occasion de présenter l'éminent sculpteur, Sir Herbert Herne, au jeune et brillant critique qui l'avait taxé, dans la presse, de marbrier.

L'instant d'après, le maître d'hôtel se présentait à la porte du salon doré et annonçait d'une voix forte et impressionnante : « Mr. Walter Tillotson ». Précédant le jeune Spode qui le guidait par-derrière, Mr. Tillotson s'avança d'un pas lent et mal assuré. Sous les feux des lumières, ses paupières se mirent à battre, lourdes et douloureuses, devant ses yeux brouillés, comme les ailes d'une phalène captive. Passé le seuil de la porte, il s'arrêta et se redressa de toute sa hauteur, imbu du sentiment de sa dignité. Lord Badgery se précipita vers lui et lui prit la main.

« Soyez le bienvenu, Mr. Tillotson, je vous souhaite la bienvenue au nom de l'art anglais ! »

Mr. Tillotson inclina la tête en silence. Il était trop plein d'émotion pour pouvoir répondre.

« Je voudrais vous présenter quelques-uns de vos collègues plus jeunes qui se sont réunis ici en votre honneur. »

Lord Badgery présenta chacun des membres de l'assistance au vieux peintre qui salua, serra les mains, fit des petits bruits de gorge, toujours sans pouvoir proférer une parole. Mrs. Nobes, Mrs. Cayman et Mrs. Mandragore eurent toutes trois des mots aimables.

---

3. **gilded** (ou **gilt**) : participe passé de **to gild**. Cf. **the gilded chamber**, *la Chambre Dorée, la Chambre des Lords.* **The gilded saloon**, *le salon doré,* évoque aussitôt « le luxe insolent » dont parlait Balzac.

4. **a moth** : *un papillon de nuit* (par opposition à **a butterfly**, *un papillon de jour*). L'image de la phalène, créature crépusculaire qui se brûle à la lumière, est symbolique de Tillotson, qu'on a sorti de la nuit de l'oubli pour l'exposer à la lumière.

Dinner was served; the party took their places. Lord Badgery sat at the head of the table, with Mr. Tillotson on his right hand and Sir Herbert Herne on his left. Confronted with Bomba's succulent cooking and Bomba's wines, Mr. Tillotson ate and drank a good deal. He had the appetite of one who has lived on greens[1] and potatoes for ten years among the blackbeetles. After the second glass of wine he began to talk, suddenly and in a flood, as though a sluice had been pulled up.

"In Asia Minor," he began, "it is the custom, when one goes to dinner, to hiccough as a sign of appreciative fullness. *Eructavit cor meum*[2], as the Psalmist has it; he was an Oriental himself."

Spode had arranged to sit next to Mrs. Cayman; he had designs upon her. She was an impossible woman, of course, but rich and useful; he wanted to bamboozle her into buying some of his young friends' pictures.

"In a cellar?" Mrs. Cayman was saying, "with blackbeetles? Oh, how dreadful! Poor old man! And he's ninety-seven, didn't you say? Isn't that shocking! I only hope the subscription will be a large one. Of course, one[3] wishes one could have given more oneself. But then, you know, one has so many expenses, and things are so difficult now."

"I know, I know," said Spode, with feeling[4].

"It's all because of Labour[5]," Mrs. Cayman explained.

---

1. **greens** (substantif) = **green vegetables.** Le terme englobe toute plante potagère dont les feuilles cuites à l'eau sont comestibles. La traduction par *légumes verts* serait une impropriété, suggérant une table qui n'est pas celle de Tillotson.

2. Référence biblique (Psaume 44 de la Vulgate): « Eructavit cor meum verbum bonum » (en anglais, "My heart hath uttered a good word"). La citation tronquée permet à Huxley de jouer sur les deux sens du verbe latin *eructare* — au propre, *émettre un rot*, au figuré, *émettre une parole* — et de privilégier le sens propre au détriment du figuré.

Le dîner fut servi ; on prit place. Lord Badgery présidait la table, avec Mr. Tillotson à sa droite et Sir Herbert Herne à sa gauche. Confronté à la succulente cuisine de chez Bomba et aux vins du même Bomba, Mr. Tillotson mangea et but copieusement. Il avait l'appétit d'un homme qui s'est nourri pendant dix ans de légumes cuits à l'eau et de pommes de terre, au milieu des cafards. Après le second verre de vin, il se mit à parler subitement et à jet continu comme si une vanne s'était ouverte.

« En Asie Mineure », commença-t-il, « il est d'usage, lorsqu'on est invité à dîner, d'émettre un hoquet en signe de contentement digestif. *Eructavit cor meum*, comme dit le Psalmiste — lui-même était un Oriental. »

Spode s'était arrangé pour être à côté de Mrs. Cayman ; il avait l'intention de l'entreprendre. C'était une femme impossible, c'est sûr, mais riche et utile. Il voulait l'embobiner pour lui faire acheter quelques-unes des toiles de ses jeunes amis.

« Dans une cave ? » disait Mrs. Cayman, « avec des cafards ? Mais c'est abominable ! Le pauvre vieux ! Et il a quatre-vingt-dix-sept ans, c'est bien ça ? Quelle affreuse chose ! J'espère seulement que la souscription sera importante. Bien entendu, soi-même, on aurait aimé pouvoir contribuer davantage. Mais que voulez-vous, on a tant de dépenses et tout est si difficile de nos jours.

— Je sais, je sais », dit Spode, avec conviction.

« Et tout cela à cause des travaillistes », expliqua Mrs. Cayman.

---

3. **one** : l'emploi du pronom indéfini **one**, au lieu du pronom personnel **I**, est un maniérisme qui permet au locuteur de dépersonnaliser son discours en le faisant passer au plan du général.

4. **with feeling** : signifie dans ce cas précis *en y mettant du sentiment*, dans la mesure où Spode joue ostensiblement la comédie de la sympathie (répétition emphatique de **I know**).

5. **Labour (the Labour Party)** : le Parti travailliste s'impose en tant que force politique en 1906 en faisant son entrée au Parlement.

"Of course, I should simply love to have him in to dinner sometimes. But, then, I feel he's really too old, too *farouche* and *gâteux*; it would not be doing a kindness to him, would it? And so you are working with Mr. Gollamy now? What a charming man, so talented, such conversation..."

"*Eructavit cor meum*," said Mr. Tillotson for the third time. Lord Badgery tried to head him off the subject of Turkish etiquette, but in vain.

By half-past nine a kinder vinolent[1] atmosphere had put to sleep the hatreds and suspicions of before dinner. Sir Herbert Herne had discovered that the young Cubist sitting next him was not insane and actually knew a surprising amount about the Old Masters[2]. For their part these young men had realised that their elders[3] were not at all malignant; they were just very stupid and pathetic. It was only in the bosoms of Mrs. Nobes, Mrs. Cayman, and Mrs. Mandragore that hatred still reigned undiminished. Being ladies and old-fashioned, they had drunk almost no wine.

The moment for speech-making arrived. Lord Badgery rose to his feet, said what was expected of him, and called upon Sir Herbert to propose the toast of the evening. Sir Herbert coughed, smiled, and began. In the course of a speech that lasted twenty minutes he told anecdotes of Mr. Gladstone[4],

---

1. **vinolent** (adjectif) : de **vinolence** : *les fumées du vin, les vapeurs de l'ivresse*. Inusité de nos jours, si ce n'est dans l'expression **a vinolent propensity**, *un penchant pour la boisson.* Ce mot rare et sophistiqué, garant de respectabilité, suggère, non sans une pointe d'humour, qu'il s'agit d'une ébriété de bon ton, ce que ne rendraient pas les adjectifs français *vineux* ou *aviné*.

2. **old masters** : au sens premier du mot, *les grands maîtres* (de la peinture). Sens qui s'est élargi à leurs œuvres, d'où **an old master** : *un tableau de maître*.

3. **elders** : substantif formé à partir du comparatif de l'adjectif **old**. S'emploie le plus souvent au pluriel pour désigner *les anciens, les aînés,* autrement dit, *les sages,* d'où l'expression **one's elders and betters**.

« Bien entendu, je serais tout simplement ravie de l'avoir à dîner de temps en temps. Seulement, voilà — j'ai le sentiment qu'il est vraiment trop vieux, trop farouche et trop gâteux ; ce ne serait pas lui rendre service, n'est-ce pas ? Ainsi, vous travaillez à présent avec Mr. Gollamy ? Quel homme charmant, et si talentueux, et quelle conversation... »

« *Eructavit cor meum* », dit Mr. Tillotson pour la troisième fois. Lord Badgery tenta de le détourner du sujet de l'étiquette ottomane, mais en vain.

Dès neuf heures et demie, un climat plus serein, sous l'effet de la dive bouteille, avait assoupi les haines et les méfiances d'avant-dîner. Sir Herbert Herne avait découvert que le jeune cubiste assis à ses côtés n'avait rien d'un fou et qu'en réalité il possédait une somme de connaissances étonnantes sur l'œuvre des grands maîtres. Ces mêmes jeunes gens, de leur côté, s'étaient rendu compte que leurs aînés n'étaient nullement malveillants ; ils étaient tout simplement d'une bêtise désarmante. Ce n'était que dans le sein de Mrs. Nobes, de Mrs. Cayman et de Mrs. Mandragore que la haine continuait à régner avec la même virulence. Étant femmes, et vieux jeu, elles n'avaient quasiment pas bu de vin.

L'heure des discours arriva. Lord Badgery se leva, dit ce que l'on attendait de lui, et demanda à Sir Herbert de porter le toast de la soirée. Sir Herbert toussota, sourit et commença. En l'espace de vingt minutes, le temps que dura son discours, il raconta des anecdotes sur Mr. Gladstone,

4. William Gladstone (1809-1898), homme politique anglais d'origine écossaise, chef du Parti libéral et adversaire de Disraeli, le champion des conservateurs. Connu pour sa rigueur et son intégrité, il fut trois fois Premier ministre, de 1868 à 1874, de 1880 à 1885 et de 1892 à 1894.

Lord Leighton[1], Sir Alma Tadema[2], and the late Bishop of Bombay[3]; he made three puns, he quoted Shakespeare and Whittier[4], he was playful, he was eloquent, he was grave... At the end of his harangue Sir Herbert handed to Mr. Tillotson a silk purse containing fifty-eight pounds ten shillings, the total amount of the subscription. The old man's health was drunk with acclamation.

Mr. Tillotson rose with difficulty to his feet. The dry, snakelike skin of his face was flushed; his tie was more crooked than ever; the green ribbon of the Order of Chastity of the second class had somehow climbed up his crumpled and maculate shirt-front.

"My lords[5], ladies, and gentlemen," he began in a choking voice, and then broke down completely. It was a very painful and pathetic spectacle. A feeling of intense discomfort afflicted the minds of all who looked upon that trembling relic of a man, as he stood there weeping and stammering. It was as though a breath of the wind of death had blown suddenly through the room, lifting the vapours of wine and tobacco-smoke, quenching the laughter and the candle flames. Eyes floated uneasily, not knowing where to look. Lord Badgery, with great presence of mind, offered the old man a glass of wine. Mr. Tillotson began to recover. The guests heard him murmur a few disconnected words.

"This great honour... overwhelmed with kindness...

---

1. Lord Frederic Leighton (1830-1896), peintre anglais de style académique, ami de Thackeray, de George Sand et de Browning. Très réputé de son vivant, il fut le premier peintre anglais à accéder à la pairie.

2. Sir Lawrence Alma-Tadema (1836-1912), peintre d'histoire d'origine hollandaise, naturalisé anglais en 1873, qui fut lui aussi très célèbre en son temps. Sir Herbert Herne ne mentionne que des peintres ayant connu la consécration de leur vivant.

3. Walter Ruthven Pym (1856-1908), évêque de Bombay de 1903 à 1908. Figure très controversée de l'épiscopat, il fut un des tenants du traditionalisme anglican.

Lord Leighton, Sir Alma Tadema et le feu évêque de Bombay ; il fit trois calembours, il cita Shakespeare et Whittier, il fut badin, il fut éloquent, il fut grave... Au terme de sa harangue, Sir Herbert remit à Mr. Tillotson une bourse en soie contenant cinquante-huit livres et dix shillings, montant total de la souscription. On but à la santé du vieillard dans un tonnerre d'acclamations.

Mr. Tillotson se mit debout non sans difficulté. La peau sèche et ophidienne de son visage était congestionnée. Son nœud était plus de travers que jamais ; le ruban vert de la deuxième classe de l'ordre de la Chasteté était mystérieusement remonté tout en haut de son plastron fripé et maculé.

« Monsieur le baron, messieurs les académiciens, mesdames, messieurs », commença-t-il d'une voix étranglée, avant de s'effondrer complètement. Ce fut un spectacle très éprouvant et très émouvant. Un sentiment de malaise intense s'empara de l'esprit de tous ceux qui contemplaient cette ruine humaine qui se tenait là debout tremblante, et qui pleurait et bafouillait. On eût dit qu'un souffle de mort avait soudain balayé la salle, dissipant les vapeurs du vin et la fumée du tabac, étouffant les rires et les flammes des bougies. Les regards flottaient, embarrassés, sans savoir où se fixer. Lord Badgery, avec une grande présence d'esprit, offrit au vieillard un verre de vin. Mr. Tillotson commença à se remettre. Les invités l'entendirent marmonner quelques paroles décousues.

« Ce grand honneur... confus de vos bontés...

---

4. John Greenleaf Whittier (1807-1892), poète américain très apprécié des Victoriens qui voyaient en lui l'égal de Longfellow. Certains de ses poèmes de caractère religieux font partie des cantiques de l'Église protestante.

5. **my lords** : titre employé pour s'adresser collectivement à des membres de la noblesse ou à des dignitaires. N'a pas d'équivalent en français, d'où la nécessité de nommer séparément les personnes en fonction de leur rang et du corps auquel elles appartiennent.

this magnificent banquet... not used to it... in Asia Minor... *eructavit cor meum.*"

At this point Lord Badgery plucked sharply at one of his long coat tails. Mr. Tillotson paused, took another sip of wine, and then went on with a newly won coherence and energy.

"The life of the artist is a hard one. His work is unlike other men's work, which may be done mechanically, by rote[1] and almost, as it were, in sleep. It demands[2] from him a constant expense of spirit[3]. He gives continually of his best life, and in return he receives much joy, it is true—much fame, it may be—but of material blessings, very few. It is eighty years since first I devoted my life to the service of art; eighty years, and almost every one of those years has brought me fresh and painful proof of what I have been saying: the artist's life is a hard one."

This unexpected deviation into sense increased the general feeling of discomfort. It became necessary to take the old man seriously, to regard him as a human being. Up till then he had been no more than an object of curiosity, a mummy in an absurd suit of evening-clothes with a green ribbon across the shirt front. People could not help wishing that they had subscribed a little more. Fifty-eight pounds ten—it wasn't enormous[4]. But happily for the peace of mind of the company, Mr. Tillotson paused again,

---

1. **by rote**: expression figée, synonyme de **mechanically**. Ex.: **to do something by rote**: *faire quelque chose par routine*; **to say something by rote**: *dire quelque chose mécaniquement*; **to learn something by rote**: *apprendre quelque chose par cœur.*

2. **to demand**: faux ami, a le sens fort d'*exiger, requérir*, par opposition à **to ask**, *demander*. Ex.: **the matter demands great care**: *l'affaire réclame beaucoup d'attention.*

3. **spirit**: dans le sens ici de *courage, force d'âme*. Ex.: **to show spirit**: *montrer du caractère, de la vaillance.* L'adjectif **spirited** peut avoir ce même sens. Ex.: **a spirited undertaking**: *une entreprise courageuse.*

ce magnifique banquet... pas l'habitude... en Asie Mineure... *eructavit cor meum.* »

C'est alors que Lord Badgery le tira vivement par l'une des longues basques de son habit. Mr. Tillotson s'arrêta, avala encore une gorgée de vin, et poursuivit avec une cohérence et une énergie toutes nouvelles.

« La vie de l'artiste est dure. Son labeur est différent de celui des autres hommes, lequel peut s'effectuer mécaniquement, par habitude et presque, pourrait-on dire, en état de sommeil. Il exige de lui une dépense constante de courage. L'artiste donne continuellement du meilleur de sa vie et il reçoit, en retour, beaucoup de joie, il est vrai — beaucoup de gloire, il se peut — mais pour ce qui est des bienfaits matériels, bien peu de chose. Il y a quatre-vingts ans que j'ai entrepris de mettre ma vie au service de l'art — quatre-vingts ans, et chacune de ces années, ou presque, m'a apporté la confirmation douloureuse de ce que je viens de vous dire : la vie de l'artiste est dure. »

Ce retour inattendu au bon sens accrut l'impression générale de malaise. Il devenait nécessaire de prendre le vieillard au sérieux, de le considérer comme un être humain. Jusque-là, il n'avait pas été autre chose qu'un objet de curiosité, une momie revêtue d'un habit grotesque, au plastron barré d'un ruban vert. Les gens ne pouvaient s'empêcher de regretter de ne pas avoir souscrit un peu plus. Cinquante-huit livres et dix shillings, ce n'était pas énorme. Mais heureusement pour la tranquillité d'esprit de l'assistance, Mr. Tillotson s'interrompit de nouveau,

4. En effet, chacun des convives aura donné en moyenne 24 shillings, soit deux fois le prix du repas.

took another sip of wine, and began to live up to his proper character[1] by talking absurdly.

"When I consider the life of that great man, Benjamin Robert Haydon, one of the greatest men England has ever produced..." The audience heaved a sigh of relief; this was all as it should be[2]. There was a burst of loud bravoing and clapping. Mr. Tillotson turned his dim eyes round the room, and smiled gratefully at the misty figures he beheld. "That great man, Benjamin Robert Haydon," he continued, "whom I am proud to call my master and who, it rejoices my heart to see, still lives in your memory and esteem,—that great man, one of the greatest that England has ever produced, led a life so deplorable that I cannot think of it without a tear."

And with infinite repetitions and divagations, Mr. Tillotson related the history of B. R. Haydon[3]", his imprisonments for debt, his battle with the Academy, his triumphs, his failures, his despair, his suicide. Half-past ten struck. Mr. Tillotson was declaiming against the stupid and prejudiced judges who had rejected Haydon's designs for the decoration of the new Houses of Parliament in favour of the paltriest German scribblings[4].

"That great man, one of the greatest England has ever produced, that great Benjamin Robert Haydon, whom I am proud to call my master and who, it rejoices me to see, still lives on in your memory and esteem—

1. **to live up to one's character**: la locution prépositive **up to** a également le sens de *à la hauteur de, à la mesure de, conformément à* dans les expressions **to live up to one's principles**: *vivre selon ses principes*; **to live up to one's reputation**: *faire honneur à sa réputation*; **to rise up to the situation**: *se montrer à la hauteur de la situation.*

2. **should**: prétérit modal, exprime la nécessité; dans le cas présent, la nécessité du retour à la norme. L'humour vient de ce que le retour au normal est un retour à l'absurde.

3. On remarquera la différence entre l'emploi des initiales et celui des prénoms. L'identité complète, telle que se plaît à la réciter Tillotson, grandit et sacralise la figure de Haydon. Inversement, la réduction des

prit encore une gorgée de vin, et se mit à épouser son propre personnage en disant des absurdités.

« Quand je considère la vie de ce grand homme, Benjamin Robert Haydon, l'un des plus grands que l'Angleterre ait jamais produits... » L'auditoire poussa un soupir de soulagement : tout rentrait dans l'ordre. Il y eut une salve de bravos et d'applaudissements tonitruants. Mr. Tillotson promena son regard trouble tout autour de la salle et adressa un sourire reconnaissant aux silhouettes nébuleuses qui s'offraient à ses yeux. « Ce grand homme, Benjamin Robert Haydon », poursuivit-il, « que je suis fier d'appeler mon maître et qui, mon cœur se réjouit de le voir, continue de vivre dans votre souvenir et votre estime — ce grand homme, l'un des plus grands que l'Angleterre ait jamais produits, a mené une existence si déplorable que je ne puis y songer sans verser une larme. »

Et avec des répétitions et des divagations infinies, Mr. Tillotson relata la vie de B.R. Haydon, ses emprisonnements pour dettes, sa lutte contre l'Académie, ses triomphes, ses échecs, son désespoir, son suicide. Dix heures et demie sonnèrent. Mr. Tillotson déclamait contre la bêtise et la partialité des juges qui avaient refusé les dessins de Haydon pour la décoration du nouveau Parlement et leur avaient préféré la triste médiocrité des gribouillages allemands.

« Ce grand homme, l'un des plus grands que l'Angleterre ait jamais produits, ce grand Benjamin Robert Haydon, que je suis fier d'appeler mon maître et qui, je me réjouis de le voir, continue de vivre dans votre souvenir et votre estime

---

prénoms aux seules initiales est un facteur de banalisation dans le discours du narrateur.

4. En 1841 la Royal Fine Arts Commission, que présidait le prince Albert, avait consulté Peter von Cornelius, le maître incontesté de l'art de la fresque, d'où l'empreinte germanique dans la décoration murale du nouveau Parlement.

at that affront his great heart burst; it was the unkindest cut of all. He who had worked all his life for the recognition of the artist by the State, he who had petitioned every Prime Minister, including the Duke of Wellington[1], for thirty years, begging them to employ artists to decorate public buildings, he to whom the scheme for decorating the Houses of Parliament was undeniably due..." Mr. Tillotson lost a grip on his syntax and began a new sentence. "It was the unkindest cut of all, it was the last straw. The artist's life is a hard one."

At eleven Mr. Tillotson was talking about the pre-Raphaelites[2]. At a quarter-past he had begun to tell the story of B.R. Haydon all over again. At twenty-five minutes to twelve he collapsed quite speechless into his chair. Most of the guests had already gone away; the few who remained made haste to depart. Lord Badgery led the old man to the door and packed him into the second Rolls-Royce. The Tillotson Banquet was over; it had been a pleasant evening, but a little too long.

Spode walked back to his rooms in Bloomsbury[3], whistling as he went. The arc lamps of Oxford Street[4] reflected in the polished surface of the road: canals of dark bronze. He would have to bring that into an article some time[5]. The Cayman woman had been very successfully nobbled. "Voi che sapete[6]," he whistled—somewhat out of tune, but he could not hear that.

---

1. Arthur Wellesley, duc de Wellington (1769-1852), général et homme politique britannique, vainqueur de Napoléon à Waterloo. Il fut Premier ministre de 1828 à 1830. Haydon, dont la première pétition au Parlement remonte à juin 1823, adressa requête sur requête à Wellington de décembre 1828 à octobre 1830.

2. Les Préraphaélites, en anglais, **The Pre-Raphaelite Brotherhood (brotherhood** = *fraternité)* : mouvement esthétique de la seconde moitié du XIXe siècle, regroupant des peintres anglais (Rossetti, Burne-Jones, etc.) se réclamant de la peinture italienne antérieure à Raphaël.

3. **Bloomsbury** : le quartier des intellectuels autour du British Museum, au centre de Londres.

— devant cet affront, son grand cœur se brisa ; ce fut la blessure la plus cruelle de toutes. Lui, qui avait œuvré toute sa vie pour la reconnaissance de l'artiste par l'État, lui, qui avait, pendant trente ans, adressé des pétitions à tous les Premiers ministres, y compris au duc de Wellington, les suppliant d'employer des artistes à décorer les édifices publics, lui, à qui revenait de droit le projet de décoration du Parlement... » Mr. Tillotson perdit le fil de sa syntaxe et entama une nouvelle phrase. « Ce fut la blessure la plus cruelle de toutes. La goutte d'eau qui fit déborder le vase. La vie de l'artiste est dure. »

À onze heures, Mr. Tillotson parlait des Préraphaélites. Au quart, il s'était remis à raconter toute l'histoire de B.R. Haydon. À minuit moins vingt-cinq, il s'écroulait sur sa chaise, incapable d'articuler un son. La plupart des convives étaient déjà partis. Les rares qui s'étaient attardés s'empressèrent de quitter les lieux. Lord Badgery reconduisit le vieillard à la porte et l'enfourna dans la seconde Rolls-Royce. Le Banquet Tillotson avait pris fin. La soirée avait été agréable, mais un peu trop longue.

Spode regagna à pied son domicile de Bloomsbury, sifflotant le long du chemin. Les lampes à arc d'Oxford Street se reflétaient sur la surface polie de la chaussée — des canaux de bronze noir. Il faudrait glisser ça dans un article, un de ces jours. La Cayman avait été magistralement entortillée. « Voi che sapete », sifflota-t-il, passablement faux, chose qu'il ne pouvait entendre.

4. **Oxford Street :** grande artère commerçante au centre de Londres reliant Hyde Park à Bloomsbury.

5. Nouvel exemple de l'utilitarisme de l'écrivain pour qui les données immédiates sont d'un usage à long terme.

6. « Voi, che sapete che cosa è amor » : célèbre ariette de Chérubin dans *Les Noces de Figaro* de Mozart. La citation tronquée permet à Huxley de transposer l'art d'aimer en l'art d'embobiner.

When Mr. Tillotson's landlady came in to call him on the following morning, she found the old man lying fully dressed on his bed. He looked very ill and very, very old; Boreham's dress-suit was in a terrible state, and the green ribbon of the Order of Chastity was ruined. Mr. Tillotson lay very still, but he was not asleep. Hearing the sound of footsteps, he opened his eyes a little and faintly groaned. His landlady looked down[1] at him menacingly.

"Disgusting!" she said; "disgusting, I call it. At your age."

Mr. Tillotson groaned again. Making a great effort, he drew out of his trouser pocket a large silk purse, opened it, and extracted a sovereign[2].

"The artist's life is a hard one, Mrs. Green[3]," he said, handing her the coin. "Would you mind[4] sending for the doctor? I don't feel very well. And oh, what shall I do about these clothes? What shall I say to the gentleman who was kind enough to lend them to me? Loan oft loseth both itself and friend. The Bard[5] is always right."

---

1. **to look down** : au sens propre, *baisser les yeux, laisser tomber son regard.* Ex. : **to look down at the ground** : *regarder à terre.* Au figuré, avec une idée de mépris, **to look down on somebody** : *regarder quelqu'un de haut.* Huxley joue sur les deux sens, renforçant le sens figuré par l'adverbe **menacingly**.

2. **a sovereign** : ancienne pièce d'or équivalant à une livre sterling, en circulation de 1817 à 1914.

3. **green** : dans la symbolique des couleurs, le vert peut être désagréable ou péjoratif. Ex. : **to turn green** : *devenir vert* ; **to be green with envy** : *être vert de jalousie.* D'où le nom choisi pour la logeuse qui tient des propos acides. Le vert peut également évoquer l'innocence — et c'est le cas de Tillotson qui porte le ruban vert de la Chasteté —, le naturel et la jouvence (ou la verdeur), symbolisés par la verdure des légumes verts **(greens)** dont a vécu Tillotson.

Quand la logeuse de Mr. Tillotson vint le réveiller le lendemain matin, elle trouva le vieillard étendu tout habillé sur son lit. Il avait l'air bien malade et faisait très, très vieux. L'habit de Boreham était en piteux état, et le ruban vert de l'ordre de la Chasteté, irrécupérable. Mr. Tillotson gisait parfaitement immobile, mais il ne dormait pas. Au bruit des pas, il entrouvrit les yeux et poussa un faible gémissement. Sa logeuse abaissa sur lui un regard menaçant.

« Dégoûtant ! » dit-elle, « c'qui s'appelle dégoûtant ! À votre âge ! »

Mr. Tillotson poussa un nouveau gémissement. Faisant un gros effort, il tira de la poche de son pantalon une grande bourse en soie, l'ouvrit et en extirpa un souverain.

« La vie de l'artiste est dure, Mrs. Green », dit-il, en lui tendant la pièce. « Puis-je vous demander de faire venir le médecin ? Je ne me sens pas très bien. Ah ! et maintenant, que vais-je faire au sujet de ces vêtements ? Que vais-je dire au monsieur qui a eu la bonté de me les prêter ? Qui prête perd souvent et l'objet prêté et l'ami. Le Barde a toujours raison. »

---

4. **would you mind** : formule de politesse pour demander une faveur. Signifie *auriez-vous l'amabilité, l'obligeance de.* Formule plus courtoise que **do you mind** = *cela vous ennuie-t-il de.* On remarquera l'extrême civilité de Tillotson qui, même à l'article de la mort, demeure un parfait gentleman.

5. **the Bard** : il s'agit de Shakespeare. "For loan oft loses both itself and friend" *(Hamlet*, I,3,76) est le conseil que donne Polonius à son fils Laertes.

NUNS AT LUNCHEON

NONNETTES AU DÉJEUNER

"What have I been doing since you saw me last?" Miss Penny repeated my question in her loud, emphatic voice. "Well, when did you see me last?"

"It must have been June," I computed.

"Was that after I'd been proposed to by the Russian General[1]?"

"Yes; I remember hearing about the Russian General."

Miss Penny threw back her head and laughed. Her long ear-rings swung and rattled—corpses hanging in chains: an agreeably literary simile[2]. And her laughter was like brass[3], but that had been said before.

"That was an uproarious[4] incident. It's sad you should have heard of it. I love my Russian General story. '*Vos yeux me rendent fou*[5].'" She laughed again.

Vos yeux—she had eyes like a hare's[6], flush with[7] her head and very bright with a superficial and expressionless brightness. What a formidable woman. I felt sorry for the Russian General.

"'*Sans cœur et sans entrailles,*'" she went on, quoting the poor devil's words. "Such a delightful motto, don't you think? Like '*Sans peur et sans reproche*[8].' But let me think; what have I been doing since then?" Thoughtfully she bit into the crust of her bread with long, sharp, white teeth.

"Two mixed grills," I said parenthetically to the waiter.

---

1. Général de l'armée blanche ayant émigré après la guerre civile qui suivit la Révolution russe. Situe la nouvelle en 1921.

2. Un exemple amusant de la vanité d'auteur dont fera preuve le narrateur.

3. **brass** : *l'airain, le cuivre,* d'où l'adjectif **brazen**, épithète homérique devenue lieu commun. Ex. : **a brazen voice** : *une voix d'airain.*

4. **uproarious** : synonyme de **hilarious** : *hilarant, désopilant.*

5. Le français était de notoriété le langage de l'amour.

6. Image animale que viendra renforcer la longueur des incisives. Le lièvre était associé dans la tradition populaire aux sorcières dont il était la métamorphose habituelle.

« Ce que j'ai fait depuis la dernière fois que vous m'avez vue ? » Miss Penny répéta ma question de sa voix forte et péremptoire. « Voyons, quand m'avez-vous vue pour la dernière fois ?

— Ce devait être en juin », calculai-je.

« Était-ce après que le général russe m'eut demandée en mariage ?

— Oui, je me souviens d'avoir entendu parler du général russe. »

Miss Penny rejeta la tête en arrière et se mit à rire. Ses longues boucles d'oreilles se balancèrent et cliquetèrent : on eût dit des cadavres suspendus enchaînés — l'image était jolie sur le plan littéraire. Et son rire était d'airain — cela, par contre, avait déjà été dit.

« Ce fut à mourir de rire. Dommage que vous en ayez déjà entendu parler ! J'adore mon histoire de général russe. "Vos beaux yeux me rendent fou." » Elle rit de nouveau.

"Vos yeux" — elle avait des yeux de lièvre, à ras de tête et très brillants, d'un éclat superficiel et inexpressif. Quelle femme redoutable ! Je plaignais le général russe.

« "Sans cœur et sans entrailles" », reprit-elle, en citant les paroles du pauvre diable. « La devise est exquise, vous ne trouvez pas ? Pareille à "Sans peur et sans reproche". Mais voyons, qu'ai-je fait depuis ? » L'air pensif, elle mordit dans la croûte de son pain de ses longues dents blanches et pointues.

« Deux *mixed grills* », dis-je entre parenthèses au garçon.

---

7. **flush with = even with, on a level with :** *au même niveau que.* Ex. : **flush with the ground :** *à ras de terre* ; **flush with the water :** *à fleur d'eau.*

8. Devise légendaire du chevalier Bayard.

"But of course," exclaimed Miss Penny suddenly. "I haven't seen you since my German trip. All sorts of adventures. My appendicitis; my nun."

"Your nun?"

"My marvellous nun. I must tell you all about her."

"Do." Miss Penny's anecdotes were always curious. I looked forward to an entertaining luncheon.

"You knew I'd been in Germany this autumn?"

"Well, I didn't, as a matter of fact. But still—"

"I was just wandering round." Miss Penny described a circle in the air with her gaudily jewelled hand. She always twinkled with massive and improbable jewellery[1]. "Wandering round, living on three pounds a week, partly amusing myself, partly collecting materials for a few little articles. 'What it Feels Like to be a Conquered Nation'—sob-stuff[2] for the Liberal press, you know—and 'How the Hun is Trying to Wriggle out of the Indemnity,' for the other fellows. One has to make the best of all possible worlds[3], don't you find? But we mustn't talk shop. Well, I was wandering round, and very pleasant I found it. Berlin, Dresden, Leipzig. Then down to Munich and all over the place. One fine day I got to Grauburg[4]. You know Grauburg? It's one of those picture-book German towns with a castle on a hill, hanging beer-gardens[5],

---

1. Vraisemblablement une allusion à la poétesse Edith Sitwell, grande amie des Huxley, connue pour son amour immodéré des bijoux excentriques. Aldous avait déjeuné avec elle au restaurant Isola Bella à Soho, lorsqu'il collaborait à son anthologie de poésie avant-gardiste, *Wheels*.

2. **sob-stuff**: nom composé formé de **a sob**: *un sanglot* et de **stuff**: *substance, matière*. Se dit péjorativement de tout sujet traité sur le mode pathétique et signifie *mélo*. De même **a sob story** se traduira par *une histoire larmoyante*.

3. Citation devenue proverbiale en anglais qui réapparaît comme un leitmotiv dans l'œuvre de Huxley. La journaliste Miss Penny, qui change de plume en fonction du journal, est un autre exemple de l'opportunisme de l'écrivain.

« Mais bien sûr », s'écria soudain Miss Penny. « Je ne vous ai pas vu depuis mon voyage en Allemagne. Toutes sortes d'aventures. Mon appendicite, ma nonnette.

— Votre nonnette ?

— Mon admirable nonnette. Il faut que je vous raconte toute son histoire.

— Je vous en prie. » Les anecdotes de Miss Penny étaient toujours curieuses. Je me préparai à un déjeuner divertissant.

« Vous saviez que j'étais allée en Allemagne cet automne ?

— À vrai dire, non. Pourtant...

— J'y faisais tout bonnement un petit circuit. » Miss Penny décrivit dans l'air un cercle de sa main couverte de bijoux clinquants. Elle était toujours ruisselante de bijouterie massive et invraisemblable. « J'y faisais un petit circuit, vivant de trois livres par semaine, passant mon temps moitié à m'amuser, moitié à réunir des matériaux pour quelques menus articles. ''Comment une nation vaincue vit sa défaite'' — du mélo pour la presse libérale, vous voyez ce que je veux dire — et ''Comment le Hun essaie de couper à l'indemnité'' pour ceux de l'autre bord. Il faut tirer le meilleur parti de tout, vous ne pensez pas ? Mais on ne va pas parler boutique. Je faisais donc un petit circuit, et je trouvais ça fort agréable. Berlin, Dresde, Leipzig. De là, je suis descendue à Munich et j'ai fait toute la région. Un beau jour, je suis arrivée à Grauburg. Vous connaissez Grauburg ? C'est une de ces villes d'Allemagne comme on en voit dans les albums, avec un château sur un mont, des *Biergärten* suspendus,

4. Probablement la ville universitaire d'Augsbourg (en all. Augsburg) dont Grauburg est presque l'anagramme.

5. **beer-gardens** : traduction littérale de l'allemand *Biergärten*, sorte de guinguette où l'on sert de la bière. N'a pas d'équivalent en français.

a Gothic church, an old university, a river, a pretty bridge, and forests all round. Charming. But I hadn't much opportunity to appreciate the beauties of the place. The day after I arrived there—bang!—I went down[1] with appendicitis—screaming[2], I may add."

"But how appalling!"

"They whisked me off[3] to hospital, and cut me open before you could say knife[4]. Excellent surgeon, highly efficient Sisters of Charity to nurse me—I couldn't have been in better hands. But it was a bore being tied there by the leg for four weeks—a great bore. Still, the thing had its compensations. There was my nun, for example. Ah, here's the food, thank Heaven!"

The mixed grill proved to be excellent. Miss Penny's description of the nun came to me in scraps and snatches[5]. A round, pink, pretty face in a winged coif; blue eyes and regular features; teeth altogether too perfect—false, in fact; but the general effect extremely pleasing. A youthful Teutonic twenty-eight.

"She wasn't my nurse," Miss Penny explained. "But I used to see her quite often when she came in to have a look at the *tolle Engländerin*[6]. Her name was Sister Agatha. During the war, they told me, she had converted any number of[7] wounded soldiers to the true faith—which wasn't surprising, considering how pretty she was."

---

1. **to go down (with):** *tomber malade, être terrassé par la maladie.* Ex.: **to go down with flu:** *attraper la grippe.* À rapprocher de l'expression **to be run down:** *être exténué, surmené.*

2. **screaming:** sous-entendu **with rage.**

3. La postposition **off** vient renforcer la rapidité du mouvement déjà incluse dans le verbe **to whisk,** *battre, fouetter, chasser*; d'où **to whisk somebody off:** *expédier quelqu'un en quatrième vitesse, en deux temps trois mouvements.*

4. Adaptation pour la circonstance de l'expression familière **before you could say Jack Robinson.**

5. **in scraps and snatches:** tour pléonastique synonyme de **in bits and pieces.**

une église gothique, une vieille université, une rivière, un joli pont et des forêts tout autour. Charmant ! Mais je n'ai guère eu l'occasion d'apprécier les beautés du site. Le lendemain de mon arrivée — bing ! — j'étais sur le flanc avec une appendicite — et j'étais folle de rage avec ça !

— Mais c'est affreux !

— On m'a expédiée dare-dare à l'hôpital et on m'a ouvert le ventre en moins de temps qu'il n'en faut pour dire "couteau". Un excellent chirurgien, des sœurs de la Charité d'une rare compétence pour me soigner — je n'aurais pas pu tomber en de meilleures mains. Mais c'était mortel d'être retenue là par un fil à la patte pendant quatre semaines — positivement mortel. N'empêche que la chose avait du bon. C'est ainsi qu'il y avait ma nonnette. Ah ! voici notre plat, Dieu merci ! »

Le *mixed grill* s'avéra excellent. La description que fit Miss Penny de la nonnette me parvint par bribes et morceaux. Un joli minois rond et rose sous une coiffe ailée ; des yeux bleus et des traits réguliers ; des dents par trop parfaites — fausses, en réalité ; mais l'effet d'ensemble des plus agréables. Une jeune Teutonne de vingt-huit ans.

« Elle n'était pas mon infirmière », précisa Miss Penny. « Mais je la voyais assez souvent quand elle entrait jeter un coup d'œil sur la *tolle Engländerin*. Elle s'appelait sœur Agathe. Pendant la guerre, m'a-t-on dit, elle avait converti un nombre incalculable de blessés à la vraie foi — ce qui n'avait rien d'étonnant vu qu'elle était si jolie.

---

6. Littéralement *la folle Anglaise*. À rapprocher de l'expression proverbiale **mad as a March hare**, *fou à lier, bon à enfermer,* qui prend tout son sens quand on sait que le lièvre est déjà l'animal emblématique de Miss Penny.

7. **any number of**: expression dans laquelle l'indéfini s'élargit à l'infini et qui signifie ici **countless numbers of**, *des quantités.*

"Did she try and convert you?" I asked.

"She wasn't such a fool." Miss Penny laughed, and rattled the miniature gallows[1] of her ears.

I amused myself for a moment with the thought of Miss Penny's conversion—Miss Penny confronting a vast assembly of Fathers of the Church, rattling her ear-rings at[2] their discourses on the Trinity, laughing her appalling laugh at the doctrine of the Immaculate Conception, meeting the stern look of the Grand Inquisitor[3] with a flash of her bright, emotionless hare's eyes. What was the secret of the woman's formidableness[4]?

But I was missing the story. What had happened? Ah yes, the gist[5] of it was that Sister Agatha had appeared one morning, after two or three days' absence, dressed, not as a nun, but in the overalls of a hospital charwoman, with a handkerchief instead of a winged coif on her shaven head.

"Dead," said Miss Penny; "she looked as though she were dead. A walking corpse[6], that's what she was. It was a shocking sight. I shouldn't have thought it possible for anyone to change so much in so short a time. She walked painfully, as though she had been ill for months, and she had great burnt rings round her eyes and deep lines in her face. And the general expression of unhappiness—that was something quite appalling."

She leaned out into the gangway between the two rows of tables, and caught the passing waiter by the end of one of his coat-tails.

---

1. **gallows** (ou **gallows tree**) : synonyme de **gibbet** : *gibet, potence* ; d'où **a gallows bird** : *un gibier de potence* et **gallows humour** : *l'humour macabre.* À noter que le macabre fait partie de la personne de Miss Penny.

2. **rattling her ear-rings at** : la préposition **at** introduit la notion de défi. Cette attitude de provocation se trouve confirmée par le rire démoniaque de Miss Penny, **her appalling laugh**.

3. Le Grand Inquisiteur était l'ecclésiastique qui présidait le tribunal

— A-t-elle essayé de vous convertir ? » demandai-je.

« Elle n'était pas si bête. » Miss Penny se mit à rire et fit cliqueter les gibets miniatures de ses oreilles.

Je m'amusai un instant à l'idée de la conversion de Miss Penny — Miss Penny affrontant une vaste assemblée de Pères de l'Église, ponctuant du cliquetis de ses boucles d'oreilles leurs discours sur la Trinité, accueillant de son rire atroce la doctrine de l'Immaculée Conception, et bravant le regard sévère du Grand Inquisiteur d'un éclair de ses yeux de lièvre brillants et impassibles. Quel était le secret de la force redoutable de cette femme ?

Mais je perdais le fil du récit. Que s'était-il passé ? Ah oui ! L'essentiel dans tout ça, c'est que sœur Agathe était apparue un beau matin, après deux ou trois jours d'absence, non pas dans son habit de nonne, mais portant la blouse d'une fille de salle, avec un mouchoir, au lieu d'une cornette, sur sa tête rasée.

« Morte », dit Miss Penny, « elle avait l'air d'être morte. Un cadavre ambulant, voilà ce qu'elle était. Une vision d'horreur ! Je n'aurais jamais cru qu'un être humain pût changer autant en si peu de temps. Elle se traînait, comme si elle était malade depuis des mois, et elle avait les yeux cernés de grands cercles noirs et le visage creusé de rides. Et tout en elle exprimait la détresse — c'était vraiment atroce à voir. »

Elle plongea dans le couloir entre les deux rangées de tables et agrippa le garçon qui passait par l'extrémité d'une de ses basques.

---

de l'Inquisition. Miss Penny est d'ores et déjà présentée comme une hérétique, une anticonformiste.

4. **formidableness** (substantif) : de l'adjectif **formidable**, faux ami, qui signifie *redoutable*. L'accent est mis sur le caractère indomptable **(indomitable)** du personnage.

5. **the gist** : *l'essentiel, le fond.* Ex. : **to get down to the gist of the matter** : *entrer dans le vif de la question.*

6. La macabre Miss Penny a trouvé sa victime, ou si l'on veut, son macchabée.

The little Italian looked round with an expression of surprise that deepened into terror on his face.

"Half a pint[1] of Guinness[2]," ordered Miss Penny. "And, after this, bring me some jam roll."

"No jam roll to-day, madam."

"Damn[3]!" said Miss Penny. "Bring me what you like, then."

She let go of[4] the waiter's tail, and resumed[5] her narrative.

"Where was I? Yes, I remember. She came into my room, I was telling you, with a bucket of water and a brush, dressed like a charwoman. Naturally I was rather surprised. 'What on earth are you doing, Sister Agatha?' I asked. No answer. She just shook her head, and began to scrub the floor. When she'd finished, she left the room without so much as looking at me again. 'What's happened to Sister Agatha?' I asked my nurse when she next came in. 'Can't say.'—'Won't say[6],' I said. No answer. It took me nearly a week to find out what really had happened. Nobody dared tell me; it was *strengst verboten*[7], as they used to say in the good old days. But I wormed it out in the long run. My nurse, the doctor, the charwomen—I got something out of all of them. I always get what I want in the end." Miss Penny laughed like a horse[8].

"I'm sure you do," I said politely.

"Much obliged," acknowledged Miss Penny.

---

1. **a pint** : mesure de capacité légèrement inférieure au demi-litre ; d'où **half a pint (of beer)** : *un bock.*

2. Bière brune irlandaise, une boisson d'homme.

3. **damn** : juron, signifie *merde, crotte.* On notera que Miss Penny jure et boit comme un homme. Le nom de Miss Penny est à cet égard significatif : elle vit de sa plume, **pen**, qui lui tient lieu de pénis.

4. **to let go of something** : même sens que **to leave go of something**, *lâcher prise.*

5. **to resume** : faux ami, signifie *reprendre, recommencer.* Ne pas confondre avec **to sum up**, *résumer.*

Le petit Italien se retourna, le visage empreint d'une expression de surprise qui se mua en terreur.

« Un bock de Guinness », commanda Miss Penny. « Et ensuite, vous m'apporterez un roulé à la confiture.

— Pas de roulé à la confiture, aujourd'hui, Madame.

— Crotte ! » fit Miss Penny. « Alors, apportez-moi ce que vous voulez. »

Elle lâcha la basque du garçon et reprit son récit.

« Où en étais-je ? Oui, je me souviens. Je vous disais qu'elle était entrée dans ma chambre avec un seau d'eau et une brosse, habillée comme une fille de salle. Évidemment, j'en fus quelque peu surprise. "Que diable faites-vous là, sœur Agathe ?" demandai-je. Pas de réponse. Elle se contenta de hocher la tête et se mit à frotter le plancher. Quand elle eut fini, elle sortit de la pièce sans même me jeter un nouveau regard. "Qu'est-il arrivé à sœur Agathe ?" demandai-je à mon infirmière quand elle revint me voir. "Peux pas dire. — Peux pas dire, ou veux pas dire ?" répliquai-je. Pas de réponse. Il m'a fallu près d'une semaine pour découvrir ce qui s'était réellement passé. Personne n'osait m'informer. C'était *strengst verboten*, comme on disait au bon vieux temps. Mais j'ai fini par leur tirer les vers du nez. Mon infirmière, le médecin, les filles de salle — je leur ai arraché quelque chose, à tous. Je finis toujours par obtenir ce que je veux. » Miss Penny rit d'un rire chevalin.

« Je n'en doute pas », dis-je poliment.

« Vous êtes trop aimable », me renvoya Miss Penny.

---

6. **can't say/won't say** : formes elliptiques de **I can't say/you won't say**. Huxley joue de l'opposition entre *pouvoir* et *vouloir*.

7. Littéralement, *formellement interdit*. Le bon vieux temps auquel fait plaisamment allusion Miss Penny est celui de la bonne vieille discipline prussienne.

8. **to laugh like a horse** : image devenue un cliché. De même, **a horse-laugh**, *un rire chevalin*, est une expression toute faite. Dans la symbolique animale, le cheval est souvent associé à la virilité.

"But to proceed. My information[1] came to me in fragmentary whispers. 'Sister Agatha ran away with a man[2].'—Dear me!—'One of the patients.'—You don't say so.—'A criminal out of the jail[3].'—The plot thickens.—'He ran away from her.'—It seems to grow thinner again.—'They brought her back here; she's been disgraced[4]. There's been a funeral service for her in the chapel—coffin and all. She had to be present at it—her own funeral. She isn't a nun any more. She has to do charwoman's work now, the roughest in the hospital. She's not allowed to speak to anybody, and nobody's allowed to speak to her. She's regarded as dead.'" Miss Penny paused to signal to the harassed little Italian. "My small 'Guinness,'" she called out.

"Coming, coming," and the foreign voice cried "Guinness" down the lift, and from below another voice echoed, "Guinness."

"I filled in[5] the details bit by bit. There was our hero, to begin with; I had to bring him into the picture, which was rather difficult, as I had never seen him. But I got a photograph of him. The police circulated one when he got away; I don't suppose they ever caught him." Miss Penny opened her bag. "Here it is," she said. "I always carry it about with me; it's become a superstition[6]. For years, I remember, I used to carry a little bit of heather tied up with string. Beautiful, isn't it? There's a sort of Renaissance look about it, don't you think?

---

1. **information**: mot collectif singulier, signifie globalement *les renseignements*; l'unité, *un renseignement*, se traduit par **a piece of information**. Cf. **furniture, luggage, advice, news**.

2. Technique du dialogue intérieur au dialogue: le récit de Miss Penny est rendu d'autant plus parlant qu'elle reproduit les propos échangés avec le personnel hospitalier.

3. **out of the jail**: la présence de l'article défini spécifie qu'il s'agit de la prison locale. À distinguer de **to be out of jail**, *être sorti de prison*.

4. **disgraced**: au sens religieux du terme, c.-à-d. au sens étymologique de *privé de la grâce*.

« Mais poursuivons. Mes renseignements me parvinrent par bribes chuchotées. "Sœur Agathe s'est enfuie avec un homme." — Ciel ! — "Un des malades." — Pas possible ! — "Un criminel sorti de la prison." — L'intrigue se corse. — "Il l'a laissé choir." — On dirait que la trame se relâche. — "On l'a ramenée ici ; elle a été couverte d'opprobre. Il y a eu un office funèbre pour elle dans la chapelle — avec cercueil et tout et tout. Il a fallu qu'elle y assiste — qu'elle assiste à ses propres funérailles. Elle n'est plus nonne. Il faut qu'elle fasse maintenant les travaux d'une fille de salle — les plus durs de l'hôpital. Elle n'a le droit de parler à personne et personne n'a le droit de lui parler. Elle est considérée comme morte." » Miss Penny s'arrêta pour faire signe au petit Italien débordé. « Ma p'tite Guinness ! » cria-t-elle.

« Ça vient, ça vient », et la voix étrangère cria « Guinness » dans le monte-charge, et d'en bas une autre voix lui fit écho, « Guinness ».

« J'ajoutai les détails petit à petit. Il y avait, tout d'abord, notre héros ; il fallait bien l'introduire dans le tableau, ce qui n'était pas une mince affaire, étant donné que je ne l'avais jamais vu. Mais je me suis procuré sa photographie. La police en a fait circuler une quand il a pris la fuite ; je ne pense pas qu'on l'ait jamais rattrapé. » Miss Penny ouvrit son sac. « La voici », dit-elle. « Je l'ai toujours avec moi ; c'est devenu une superstition. Pendant des années, je me souviens, j'ai baladé quelques brins de bruyère noués avec de la ficelle. Elle est belle, hein ? Elle a un je-ne-sais-quoi dans les traits qui rappelle la Renaissance, vous ne trouvez pas ?

---

5. **to fill in** : *mettre en place, assembler* les pièces d'un puzzle, d'où *ordonner* les éléments pour reconstituer la réalité.

6. Miss Penny porte toujours une amulette. Son nouveau talisman est la photo dont elle a fait sa chose. Cette appropriation du héros suppose une expropriation de l'héroïne. Autrement dit, Miss Penny se substitue à la nonne et vit l'amour par procuration **(vicariously)**.

He was half-Italian, you know."

Italian. Ah, that explained it. I had been wondering how Bavaria could have produced this thin-faced creature with the big dark eyes, the finely modelled nose and chin, and the fleshy lips so royally and sensually curved.

"He's certainly very superb," I said, handing back the picture.

Miss Penny put it carefully away in her bag. "Isn't he?" she said. "Quite marvellous. But his character and his mind were even better. I see him as one of those innocent, childlike monsters of iniquity who are simply unaware of the existence of right and wrong. And he had genius—the real Italian genius for engineering, for dominating and exploiting nature[1]. A true son of the Roman aqueduct builders he was, and a brother of the electrical engineers. Only Kuno—that was his name[2]—didn't work in water; he worked in women. He knew how to harness[3] the natural energy of passion; he made devotion drive his mills[4]. The commercial exploitation of love-power, that was his speciality. I sometimes wonder," Miss Penny added in a different tone, "whether I shall ever be exploited, when I get a little more middle-aged and celibate, by one of these young engineers of the passions. It would be humiliating, particularly as I've done so little exploiting from my side."

---

1. Kuno est un homme de génie, et c'est l'homme du génie. Tout le passage est construit sur la métaphore filée de l'hydrodynamique. Cette conception mécaniste et déshumanisée de l'amour que Miss Penny prête à Kuno est sans doute une projection de ses propres fantasmes.

2. Prénom allemand que les romantiques ont mis à la mode dans les années 1800. L'ironie veut que Kuno n'ait de romantique que son physique italien et son nom.

3. **to harness**: au sens propre, *harnacher.* Ex. : **to harness a horse to a carriage**: *atteler un cheval à une voiture.* Au figuré, *exploiter* (les ressources naturelles), *maîtriser* (l'énergie, les forces de la nature).

Il était à moitié italien, voyez-vous ? »

Italien. Pardi ! tout s'expliquait. Je m'étais demandé comment la Bavière avait pu produire cette créature au visage émacié, aux grands yeux noirs, ce nez et ce menton finement modelés, ces lèvres charnues, à la courbe si royale et sensuelle.

« Le fait est qu'il est vraiment superbe », dis-je en lui rendant la photo.

Miss Penny la rangea soigneusement dans son sac. « N'est-ce pas ? » dit-elle. « Tout simplement merveilleux. Mais son caractère et son intelligence l'étaient encore plus. Je me le figure comme un de ces monstres d'iniquité, innocents, enfantins, qui ignorent purement et simplement l'existence du bien et du mal. Et il avait du génie — le véritable génie italien pour diriger, dominer et exploiter la nature. C'était un digne fils des constructeurs d'aqueducs romains et un frère des ingénieurs électriciens. À cette différence près que Kuno — c'est son nom — s'était spécialisé, non pas dans l'hydraulique, mais dans la femme. Il savait l'art de canaliser l'énergie naturelle de la passion ; il se servait du dévouement pour faire tourner ses turbines. L'exploitation commerciale de la force motrice de l'amour, c'était là sa partie. Je me demande parfois », ajouta Miss Penny sur un autre ton, « si, une fois un peu plus installée dans l'âge mûr et dans le célibat, je serai exploitée par un de ces jeunes ingénieurs des passions. Ce serait humiliant, d'autant plus que, de mon côté, j'ai fait si peu d'exploitation. »

---

4. **a mill** : mot de large acception. Au sens premier du terme, *un moulin, une minoterie* ; par extension, avec la révolution industrielle, *une manufacture, une usine.*

She frowned and was silent for a moment. No, decidedly, Miss Penny was not beautiful; you could not even honestly say that she had charm or was attractive. That high Scotch colouring, those hare's eyes, the voice, the terrifying laugh, and the size of her[1], the general formidableness of the woman. No, no, no.

"You said he had been in prison," I said. The silence, with all its implications, was becoming embarrassing.

Miss Penny sighed, looked up, and nodded[2]. "He was fool enough," she said, "to leave the straight and certain road of female exploitation for the dangerous courses of burglary. We all have our occasional accesses[3] of folly. They gave him a heavy sentence, but he succeeded in getting pneumonia, I think it was, a week after entering jail. He was transferred to the hospital. Sister Agatha, with her known talent for saving souls[4], was given him as his particular attendant. But it was he, I'm afraid, who did the converting."

Miss Penny finished off[5] the last mouthful of the ginger pudding[6] which the waiter had brought in lieu of jam roll.

"I suppose you don't smoke cheroots[7]," I said, as I opened my cigar-case.

"Well, as a matter of fact, I do," Miss Penny replied. She looked sharply round the restaurant.

---

1. **the size of her**: mis pour **her size**. Tournure idiomatique qui correspond à une forme emphatique. Ex. : **I don't like the look of him**: *son air, sa personne ne me revient pas.*

2. **to nod** (sous-entendu **in assent**): *approuver, acquiescer de la tête.* Inversement, **to shake one's head** suppose une opposition, un refus.

3. **an access**: au sens médical du terme, synonyme de **a fit**, *un accès, une crise, une attaque.* Ex. : **an access of fever**: *une poussée de fièvre.* Prend par extension le sens de **a sudden outburst**. Ex. : **an access of joy**: *un transport de joie*; **an access of generosity**: *un élan de générosité.*

4. Dans la symbolique des gemmes, l'agate a pour vertus l'éloquence et la sainteté.

Elle fronça le sourcil et demeura silencieuse un instant. Non, décidément, Miss Penny n'était pas une beauté ; on ne pouvait même pas dire honnêtement qu'elle eût du charme ou qu'elle fût attirante. Ce teint écossais haut en couleur, ces yeux de lièvre, cette voix, ce rire terrifiant, et sa taille avec ça, l'énormité redoutable de toute sa personne. Non, non, non !

« Vous me disiez qu'il avait fait de la prison », dis-je. Le silence, lourd de sous-entendus, devenait embarrassant.

Miss Penny soupira, leva les yeux et acquiesça d'un signe de tête. « Il eut la sottise », dit-elle, « de quitter la route droite et sûre de l'exploitation féminine pour les voies périlleuses du cambriolage. Nous avons tous épisodiquement nos accès de folie. Il écopa d'une lourde peine mais il se débrouilla pour attraper une pneumonie, je crois que c'est ça, une semaine après son incarcération. Il fut transféré à l'hôpital. Sœur Agathe, avec son talent reconnu pour sauver les âmes, fut tout spécialement préposée à son service. Mais ce fut lui, je le crains, qui opéra la conversion. »

Miss Penny avala la dernière bouchée du pudding au gingembre que le garçon lui avait apporté à la place du roulé à la confiture.

« Je suppose que vous ne fumez pas de *cheroots* », dis-je en ouvrant mon étui à cigares.

« Eh bien ! figurez-vous que si ! » répondit Miss Penny. Elle parcourut de son regard perçant la salle du restaurant.

---

5. **to finish off** ou **to finish up :** dans les deux cas, la postposition vient compléter l'action du verbe. Ex. : **to finish off a piece of work :** *mener un travail à terme.*

6. La gloutonnerie dont fait preuve Miss Penny a valeur de métaphore et traduit sa propension à la dévoration.

7. **a cheroot :** cigare à bouts carrés provenant du sud-est asiatique, correspondant à *un manille* en français.

"I must just see if there are any of those horrible little gossip paragraphers here to-day. One doesn't want to figure in the social and personal column to-morrow morning: 'A fact which is not so generally known as it ought to be, is that Miss Penny, the well-known woman journalist, always ends her luncheon with a six-inch[1] Burma cheroot. I saw her yesterday in a restaurant—not a hundred miles from[2] Carmelite Street[3]—smoking like a house on fire[4].' You know the touch. But the coast seems to be clear, thank goodness."

She took a cheroot from the case, lit it at my proffered match, and went on talking.

"Yes, it was young Kuno who did the converting. Sister Agatha was converted back into the worldly Melpomene[5] Fugger[6] she had been before she became the bride of holiness."

"Melpomene Fugger?"

"That was her name. I had her history from my old doctor. He had seen all Grauburg, living and dying and propagating, for generations. Melpomene Fugger—why, he had brought little Melpel into the world, little Melpchen. Her father was Professor Fugger, the great Professor Fugger, the *berümter Geolog*[7]. Oh yes, of course, I know the name. So well... He was the man who wrote the standard work on Lemuria—you know, the hypothetical continent where the lemurs[8] come from. I showed due respect.

1. **an inch**: *un pouce*, approximativement 2,5 cm.

2. **not a hundred miles from**: cliché journalistique passé dans la langue courante, synonyme de **close to, not far from**.

3. **Carmelite Street**: dans le quartier de Fleet Street, la rue de la Presse et des maisons d'édition. Le choix de la rue est doublement topique par ses connotations religieuses et journalistiques.

4. **smoking like a house on fire**: l'image est un lieu commun, correspond au français *fumer comme un sapeur*. Le tabagisme de Miss Penny ajoute à sa masculinité.

5. Melpomène, nom de la Muse de la Tragédie.

6. Nom d'une vieille famille de banquiers, originaire d'Augsbourg.

« Je veux simplement m'assurer qu'aucun de ces affreux petits échotiers de potins mondains ne rôde ici aujourd'hui. On n'a pas tellement envie de figurer dans la colonne des mondanités demain matin : "Fait qui mériterait d'être plus largement connu : Miss Penny, la célèbre journaliste, termine toujours son déjeuner sur un *cheroot* birman long de quinze centimètres. Je l'ai aperçue hier dans un restaurant — à deux pas de Carmelite Street — fumant comme une locomotive." Vous voyez le style. Mais le champ est libre, Dieu soit loué ! »

Elle tira un cigare de l'étui, l'alluma à l'allumette que je lui tendis et poursuivit son récit.

« Oui, c'est le jeune Kuno qui opéra la conversion. Sœur Agathe fut reconvertie en la séculière Melpomène Fugger qu'elle était, avant de devenir l'épouse de la sainteté.

— Melpomène Fugger ?

— C'est son nom. Je tiens son histoire de mon vieux médecin. Il avait vu tout Grauburg vivre, mourir et se reproduire sur plusieurs générations. Melpomène Fugger — c'est qu'il l'avait mise au monde, la petite Melpo, la petite Melpchen. Son père était le professeur Fugger, l'éminent professeur Fugger, le *berühmter Geolog*. Ah oui ! bien sûr que je connais le nom ! Et comment !... C'est lui qui a écrit l'ouvrage classique sur la Lémurie — vous savez bien, le continent hypothétique d'où proviendraient les lémuriens. Je témoignai dûment mon respect.

Le choix du nom est savoureux pour une nonnette qui vient de faire une fugue.

7. En français, *le célèbre géologue.*

8. Huxley joue sur le double sens du mot **lemur**, qui signifie à la fois *un lémurien* (mammifère primate appelé aussi *maki*) et *un lémure* (nom donné dans l'Antiquité romaine au spectre d'un mort). Or, la nonnette est réapparue comme étant l'ombre d'elle-même, et, qui plus est, elle a fait le mur.

Liberal-minded he was, a disciple of Herder[1], a world-burgher, as they beautifully call it over there. Anglophile, too, and always ate porridge for breakfast—up till August 1914. Then, on the radiant morning of the fifth[2], he renounced it for ever, solemnly and with tears in his eyes. The national food of a people who had betrayed culture and civilisation—how could he go on eating it? It would stick in his throat. In future he would have a lightly boiled egg. He sounded, I thought, altogether charming. And his daughter, Melpomene—she sounded charming, too; and such thick, yellow pigtails when she was young! Her mother was dead, and a sister of the great Professor's[3] ruled the house with an iron rod[4]. Aunt Bertha was her name[5]. Well, Melpomene grew up, very plump and appetising. When she was seventeen, something very odious and disagreeable happened to her. Even the doctor didn't know exactly what it was; but he wouldn't have been surprised if it had had something to do with the then Professor of Latin, an old friend of the family's, who combined, it seems, great erudition with a horrid fondness for very young ladies."

Miss Penny knocked half an inch of cigar ash into her empty glass.

"If I wrote short stories," she went on reflectively "(but it's too much bother), I should make this anecdote into a sort of potted[6] life history, beginning with a scene immediately after this disagreeable event in Melpomene's life.

---

1. Johann Gottfried Herder (1744-1803), écrivain et philosophe allemand qui influença Goethe et prépara le romantisme. S'est intéressé au génie national des peuples et a été le premier à voir en la culture l'expression originale de l'âme des nations.

2. La Grande-Bretagne avait déclaré la guerre à l'Allemagne le 4 août.

3. **a sister of the professor's**: construction idiomatique avec le double génitif. À rapprocher de **an old friend of the family's** à la fin du paragraphe.

4. **a rod**: *une baguette, une tige, une tringle*; au figuré, *une férule*, d'où l'expression figée **a rod of iron**.

Il était d'esprit libéral, disciple de Herder et citoyen du monde, *Weltbürger*, comme on dit si joliment là-bas. Anglophile, de surcroît, il prenait tous les matins du porridge au petit déjeuner; jusqu'en août 1914. C'est alors que, le matin radieux du 5, il y renonça solennellement à tout jamais, les larmes aux yeux. L'aliment national d'un peuple qui avait trahi la culture et la civilisation: comment pourrait-il continuer à en manger? Cela lui resterait en travers de la gorge. À l'avenir, il prendrait un œuf mollet. Cet homme me parut absolument délicieux. Et sa fille Melpomène: elle aussi me parut délicieuse. Et comme elles étaient épaisses, ses nattes blondes d'enfant! Sa mère était morte et c'était une sœur de l'éminent professeur qui régentait la maison d'une main de fer. Elle s'appelait tante Bertha. Or donc, Melpomène grandit, potelée et appétissante à souhait. Quand elle eut dix-sept ans, il lui arriva une chose particulièrement odieuse et fort désagréable. Le médecin lui-même ne savait pas au juste quoi; mais il n'aurait pas été surpris que cela ait eu quelque chose à voir avec le professeur de latin de l'époque, vieil ami de la famille, qui alliait, semble-t-il, une vaste érudition à un horrible penchant pour les tendrons. »

Miss Penny fit tomber un bon centimètre de cendre de cigare dans son verre vide.

« Si j'écrivais des nouvelles », poursuivit-elle, l'air pensif, « (mais c'est trop de boulot), je concocterais à partir de cette anecdote une sorte de biographie condensée, dont la toute première scène suivrait immédiatement cet épisode désagréable dans la vie de Melpomène.

---

5. Bertha (la Grosse Bertha): surnom donné aux obusiers allemands produits par les usines Krupp pendant la Première Guerre mondiale.

6. **potted** (adjectif): se dit au figuré de toute œuvre abrégée, condensée pour la vulgariser. À rapprocher de **a pot-boiler**, *une œuvre alimentaire* (qui fait bouillir la marmite de son auteur). Ex.: **to write pot-boilers**: *fricasser des articles de journal.*

I see the scene so clearly. Poor little Melpel is leaning over the bastions of Grauburg Castle, weeping into the June night and the mulberry trees in the gardens thirty feet[1] below. She is besieged by the memory of what happened this dreadful afternoon. Professor Engelmann[2], her father's old friend, with the magnificent red Assyrian beard... Too awful—too awful! But then, as I was saying, short stories are really too much bother; or perhaps I'm too stupid to write them. I bequeath it to you. You know how to tick these things off.[3]"

"You're generous."

"Not at all," said Miss Penny. "My terms are a ten per cent commission on the American sale[4]. Incidentally there won't be an American sale. Poor Melpchen's history is not for the chaste public of Those States[5]. But let me hear what you propose to do with Melpomene now you've got her on the castle bastions."

"That's simple," I said. "I know all about German university towns and castles on hills. I shall make her look into the June night, as you suggest; into the violet night with its points of golden flame. There will be the black silhouette of the castle, with its sharp roofs and hooded turrets, behind her. From the hanging beer-gardens in the town below the voices of the students, singing in perfect four-part harmony, will float up through the dark-blue spaces. *'Röslein, Röslein, Röslein rot*[6]*'* and *'Das Ringlein sprang in zwei*[7]*'*—

---

1. **a foot:** *un pied*, mesure de longueur d'environ 30 cm.

2. Littéralement, *l'homme-ange.* L'intention ironique est apparente dans le choix du nom.

3. **to tick off:** signifie habituellement *cocher* (sur une liste), de **a tick**, *une coche.* Ici **a tick** (onomatopée): *un tic-tac* qui suggère le *cliquetis* de la machine à écrire; d'où **to tick off** associe la frappe à la rapidité de l'exécution **(off)**.

4. Miss Penny mérite bien son nom de **penny/money**: c'est une femme d'affaires, **a business woman**.

5. Coup de patte au puritanisme américain, les lois sur la Prohibition datant de 1920.

Je vois la scène si clairement. La pauvre petite Melpo se penche au-dessus des bastions du château de Grauburg, versant des pleurs dans la nuit de juin et sur les mûriers des jardins à dix mètres en contrebas. Elle est assaillie par le souvenir de ce qui s'est passé au cours de ce terrible après-midi. Le professeur Engelmann, le vieil ami de son père, avec sa magnifique barbe rousse assyrienne... C'est trop affreux, trop affreux ! Seulement voilà, comme je vous le disais, les nouvelles, c'est vraiment trop de boulot ; ou peut-être suis-je trop bête pour en écrire. Je vous lègue mon histoire. Vous, vous savez trousser ces choses-là.

— Vous êtes généreuse.

— Pas du tout », rétorqua Miss Penny. « Voici mes conditions — 10 p. 100 de commission sur la vente en Amérique. Soit dit en passant, il n'y aura pas de vente en Amérique. L'histoire de la pauvre petite Melpo n'est pas pour le chaste public des États en question. Mais dites-moi ce que vous comptez faire de Melpomène à présent que vous la tenez là sur les bastions du château.

— C'est simple », dis-je. « Je sais tout ce qu'il faut savoir des villes universitaires allemandes et des châteaux perchés sur les monts. Je lui ferai contempler la nuit de juin, comme vous le suggérez : la nuit violette ponctuée de ses feux d'or. Derrière elle, se dressera la silhouette noire du château avec ses toits pointus et ses tourelles encapuchonnées. Des *Biergärten* suspendus, dans la ville en contrebas, s'élèveront à travers les ténèbres bleutées les voix des étudiants chantant en une harmonie parfaite à quatre parties. "*Röslein, Röslein, Röslein rot*" et "*Das Ringlein sprang in zwei*".

---

6. Littéralement, *petite rose... rouge.* Refrain du poème de Goethe, « Heidenröslein » (1771), mis en musique par Schubert (1815).

7. Plus exactement, « Mein Ringlein sprang entzwei », *mon petit anneau se brisa en deux*. Tiré du poème d'Eichendorff, « Das zerbrochene Ringlein » (1838), mis en musique par Johann Ludwig Friedrich Glück entre 1838 et 1840.

the heart-rendingly sweet old songs will make her cry all the more. Her tears will patter like rain among the leaves of the mulberry trees[1] in the garden below. Does that seem to you adequate?"

"Very nice," said Miss Penny. "But how are you going to bring the sex problem and all its horrors into your landscape?"

"Well, let me think." I called to memory those distant foreign summers when I was completing my education. "I know. I shall suddenly bring a swarm of moving candles and Chinese lanterns under the mulberry trees. You imagine[2] the rich lights and shadows, the jewel-bright leafage, the faces and moving limbs of men and women, seen for an instant and gone again. They are students and girls of the town come out to dance, this windless, blue June night, under the mulberry trees. And now they begin, thumping round and round in a ring, to the music of their own singing:

'Wir können spielen
Vio-vio-vio-lin,
Wir können spielen
Vi-o-lin[3]*.'*

Now the rhythm changes, quickens:

---

1. Depuis la légende de Pyrame et Thisbé, le mûrier symbolise les amours malheureuses. De plus, la mûre, qui passe par les trois stades du blanc, du rouge et du noir, symbolise les trois étapes de la vie, l'innocence, l'expérience et la mort. Le trajet de la nonnette se trouve ici préfiguré.

2. Huxley fait son autocritique en montrant comment l'écrivain peut broder sur les faits. Son imagination romantique s'oppose à la vision ponctuelle et dépoétisée de Miss Penny. L'approche romanesque et l'approche journalistique sont ici caricaturées.

3. Littéralement, *nous savons jouer du violon.* L'emploi du mot « Violin », à la place de « Fiedel » (cf. angl. **fiddle**) ou de « Geige », laisse supposer qu'il s'agit d'une danse folklorique (un « Ländler »), dont on

Ces vieilles mélodies d'une douceur poignante la feront pleurer de plus belle. Ses larmes tambourineront comme la pluie sur les feuilles des mûriers en bas dans le jardin. Est-ce que cela vous paraît convenir ?

— Fort bien », répondit Miss Penny. « Mais comment allez-vous introduire dans votre paysage le problème sexuel et toutes ses horreurs ?

— Voyons, laissez-moi réfléchir. » Je me remémorai ces lointains étés passés à l'étranger au temps où je terminais mes études. « J'y suis. J'amènerai soudain sous les mûriers un essaim de bougies dansantes et de lanternes chinoises. Je vous laisse imaginer les lumières et les ombres opulentes, la feuillée comme irisée de joyaux, les visages et les membres mouvants des garçons et des filles aperçus un instant et sitôt disparus. Ce sont des étudiants et des jeunes filles de la ville venus danser sous les mûriers en cette nuit bleutée de juin que nul souffle n'effleure. Et les voilà qui s'ébranlent, qui tournent et tournent en rond, martelant le sol au rythme de leur chant :

Wir können spielen
Vio-vio-vio-lin,
Wir können spielen
Vi-o-lin,

Et voici que le tempo change, s'accélère :

---

retrouve la trace dans une danse du pays de Souabe, « Die Musikanten aus Schwaben », qui a pour second couplet : « Wir können spielen die Violine/Sim-sim-se-rim » — à moins qu'il ne s'agisse d'une ronde enfantine, analogue à la célèbre comptine anglaise : "Here we go round the mulberry-bush/The mulberry-bush, the mulberry-bush/Here we go round the mulberry-bush/ On a cold and frosty morning."

'Und wir können tanzen Bumstarara,
Bumstarara, Bumstarara,
Und wir können tanzen Bumstarara,
Bumstarara-rara[1]*.'*

The dance becomes a rush, an elephantine prancing[2] on the dry lawn under the mulberry trees. And from the bastion Melpomene looks down and perceives, suddenly and apocalyptically, that everything in the world is sex[3], sex, sex. Men and women, male and female—always the same, and all, in the light of the horror of the afternoon, disgusting. That's how I should do it, Miss Penny."

"And very nice, too. But I wish you could find a place to bring in my conversation with the doctor. I shall never forget the way he cleared his throat and coughed before embarking on the delicate subject. 'You may know, ahem, gracious Miss[4],' he began—'you may know that religious phenomena are often, ahem, closely connected with sexual causes.' I replied that I had heard rumours which might justify me in believing this to be true among Roman Catholics[5], but that in the Church of England—and I for one was a practitioner of Anglicanismus[6]—it was very different. That might be, said the doctor; he had had no opportunity in the course of his long medical career of personally studying Anglicanismus. But he could vouch for the fact that among his patients, here in Grauburg, mysticismus was very often mixed up with the *Geschlechtsleben*[7].

1. Littéralement, *nous avons dansé zim boum boum.*

2. **prancing**: de **to prance**: *caracoler*, d'où **an elephantine prancing**, traduit ici par *une polka d'éléphants*, du nom d'un numéro de cirque.

3. Structure obsessionnelle dans l'œuvre de Huxley, témoin la danse orgiaque "orgy-porgy" dans *Brave New World* (ch. V).

4. **Gracious Miss**: germanisme, traduction de « gnädige Fraulein », formule de civilité qui, appliquée à Miss Penny, ne manque pas de saveur.

5. On fait la différence en anglais entre **Roman Catholics**, les catholiques, et **Anglo-Catholics**, les anglicans de la tendance High

Und wir können tanzen Bumstarara,
Bumstarara, Bumstarara,
Und wir können tanzen Bumstarara,
Bumstarara-rara.

La danse devient une course précipitée, une polka d'éléphants sur la pelouse sèche sous les mûriers. Et du haut du bastion, plongeant sur eux son regard, Melpomène a la révélation soudaine et apocalyptique que tout dans l'univers n'est que sexe, sexe, sexe. Hommes et femmes, mâles et femelles : toujours la même chose, et tous, à la lumière de l'horreur de l'après-midi, lui sont une abomination. Voilà comment je m'y prendrais, Miss Penny.

— Et ce ne serait pas mal du tout. Mais j'aimerais que vous puissiez caser ma conversation avec le docteur. Je n'oublierai jamais la façon dont il a toussé pour s'éclaircir la gorge avant de s'embarquer sur ce sujet délicat. "Vous savez peut-être, hum ! gracieuse demoiselle", commença-t-il — "vous savez peut-être que les phénomènes religieux sont souvent, hum ! intimement liés à des causes sexuelles." Je répondis que j'avais entendu des rumeurs qui pouvaient m'autoriser à croire qu'il en était ainsi chez les catholiques, mais que dans l'Église anglicane — et j'étais, pour ma part, un membre pratiquant de l'*Anglicanismus* — il en était tout autrement. Peut-être bien, dit le docteur ; il n'avait pas eu l'occasion au cours de sa longue carrière médicale d'étudier personnellement l'*Anglicanismus*. Mais il pouvait me certifier que parmi ses malades, ici, à Grauburg, le *Mysticismus* était très souvent mêlé au *Geschlechtsleben*.

Church, dont le rite est proche du catholicisme. L'attitude antipapiste de Miss Penny est un atavisme britannique.

6. **Anglicanismus** et **Mysticismus** : satire de la prédilection des Allemands pour les mots didactiques en -ismus.

7. "Geschlechtsleben" : *la vie sexuelle.*

Melpomene was a case in point. After that hateful afternoon she had become extremely religious; the Professor of Latin had diverted her emotions out of their normal channels. She rebelled against the placid Agnosticismus[1] of her father, and at night, in secret, when Aunt Bertha's dragon eyes were closed, she would read such forbidden books as *The Life of St. Theresa*[2], *The Little Flowers of St. Francis*[3], *The Imitation of Christ*[4], and the horribly enthralling *Book of Martyrs*[5]. Aunt Bertha confiscated these works whenever she came upon them; she considered them more pernicious than the novels of Marcel Prévost[6]. The character of a good potential housewife might be completely undermined by reading of this kind. It was rather a relief for Melpomene when Aunt Bertha shuffled off, in the summer of 1911, this mortal coil[7]. She was one of those indispensables[8] of whom one makes the discovery, when they are gone, that one can get on quite as well without them. Poor Aunt Bertha!"

"One can imagine Melpomene trying to believe she was sorry, and horribly ashamed to find that she was really, in secret, almost glad." The suggestion seemed to me ingenious, but Miss Penny accepted it as obvious.

"Precisely," she said; "and the emotion would only further confirm and give new force to the tendencies which her aunt's death left her free to indulge as much as she liked. Remorse, contrition—they would lead to the idea of doing penance.

---

1. **agnosticism** : de **an agnostic**, mot forgé en 1869 par T.H. Huxley pour définir sa position philosophique.

2. Il s'agit du *Livre de la vie*, l'autobiographie de sainte Thérèse d'Avila (1515-1582).

3. Recueil anonyme du XIVe siècle inspiré par la légende de saint François d'Assise (v. 1181-1226).

4. Célèbre ouvrage de piété attribué à Thomas a Kempis (v. 1380-1471).

5. Peut-être s'agit-il plus précisément du martyrologe de John Foxe,

Melpomène était un cas typique. À la suite de cet odieux après-midi, elle était devenue profondément religieuse ; le professeur de latin avait détourné ses émotions hors de leurs voies naturelles. Elle se rebella contre le placide *Agnosticismus* de son père et, la nuit, en cachette, quand les yeux de dragon de la tante Bertha étaient fermés, elle lisait des ouvrages interdits, tels que *La Vie de sainte Thérèse*, les *Fioretti* de saint François d'Assise, *L'Imitation de Jésus-Christ* et le fascinant et passionnant *Martyrologe*. La tante Bertha confisquait ces ouvrages chaque fois qu'elle tombait dessus ; elle les tenait pour plus pernicieux que les romans de Marcel Prévost. Le caractère d'une future bonne ménagère risquait d'être complètement dénaturé par des lectures de ce genre. Ce fut plutôt un soulagement pour Melpomène quand, au cours de l'été 1911, la tante Bertha quitta sa dépouille mortelle. Elle était de ces gens indispensables au sujet desquels on découvre, quand ils ne sont plus là, que l'on peut tout aussi bien se passer d'eux. Pauvre tante Bertha !

— On peut imaginer Melpomène essayant de se convaincre qu'elle était désolée, et constatant à sa grande honte qu'elle était, en réalité, sans vouloir se l'avouer, presque contente. » Cette suggestion me parut ingénieuse, mais Miss Penny l'accepta comme une évidence.

« Exactement », dit-elle ; « et cette émotion ne pouvait que confirmer davantage et renforcer les penchants que la mort de sa tante lui laissait tout loisir de cultiver. Le remords, la contrition, voilà qui devait conduire à l'idée de pénitence.

---

publié en latin à Strasbourg en 1559 et connu dans sa version anglaise sous le titre *Book of Martyrs* (1563).

6. Marcel Prévost (1862-1941), écrivain et académicien français. Auteur à succès, connu pour ses romans consacrés à l'éducation sentimentale des jeunes filles.

7. Citation chère à Huxley qui sert de rappel au titre du recueil.

8. **indispensables :** adjectif substantivé que l'usage assimile à un nom. Ex. : **the dailies :** *les quotidiens*.

And for one who was now wallowing in the martyrology, penance was the mortification of the flesh. She used to kneel for hours, at night, in the cold; she ate too little, and when her teeth ached, which they often did,—for she had a set[1], the doctor told me, which had given trouble from the very first,—she would[2] not go and see the dentist, but lay awake at night, savouring to the full her excruciations, and feeling triumphantly that they must, in some strange way, be pleasing to the Mysterious Powers. She went on like that for two or three years, till she was poisoned through and through[3]. In the end she went down with gastric ulcer. It was three months before she came out of hospital, well for the first time in a long space of years, and with a brand new set of imperishable teeth, all gold and ivory. And in mind, too, she was changed—for the better, I suppose. The nuns who nursed her had made her see that in mortifying herself she had acted supererogatively and through spiritual pride; instead of doing right, she had sinned. The only road to salvation, they told her, lay in discipline, in the orderliness of established religion, in obedience to authority. Secretly, so as not to distress her poor father, whose Agnosticismus was extremely dogmatic, for all[4] its unobtrusiveness, Melpomene became a Roman Catholic. She was twenty-two. Only a few months later came the war and Professor Fugger's eternal renunciation of porridge[5].

---

1. **a set**: mot d'acception très générale, signifie *une série, un assortiment, un ensemble*; d'où **a set of teeth**: *une dentition, une denture.*

2. **would**: au sens fort de *vouloir*. Se traduit à la forme négative par le verbe *refuser* à l'imparfait ou au passé simple. Ex.: **the car would not start**: *la voiture refusa de démarrer.*

3. **through and through**: locution adverbiale redondante, signifie *complètement, de bout en bout, de part en part.* Ex.: **to know Paris through and through**: *connaître Paris comme sa poche.*

4. **for all**: locution restrictive, synonyme de **in spite of**, *malgré, en dépit de.*

5. L'humour vient de la disproportion entre la magnitude de la

Et pour qui se vautrait à présent dans le martyrologe, la pénitence signifiait la mortification de la chair. Elle restait agenouillée des heures durant, la nuit, dans le froid ; elle mangeait trop peu et quand elle avait mal aux dents, ce qui arrivait souvent — car, m'a dit le docteur, elle avait une dentition qui depuis toujours lui avait causé des ennuis — elle refusait d'aller chez le dentiste, et demeurait éveillée la nuit à se délecter de son supplice, habitée qu'elle était par le sentiment triomphant que, obscurément, ses souffrances devaient être agréables aux Puissances Mystérieuses. Elle continua de la sorte pendant deux ou trois ans jusqu'à ce que l'infection se fût généralisée. Pour finir, elle s'effondra, atteinte d'un ulcère à l'estomac. Il se passa trois mois avant qu'elle ne sortît de l'hôpital, en bonne santé pour la première fois depuis de longues années, pourvue d'une denture neuve et impérissable, tout en or et en ivoire. Au moral, aussi, elle était changée — en mieux, je le suppose. Les religieuses qui l'avaient soignée lui avaient fait voir qu'en se mortifiant elle avait agi d'une façon surérogatoire et par esprit d'orgueil ; au lieu de bien faire, elle avait péché. La seule voie du salut, lui dirent-elles, résidait dans la discipline, dans la règle de la religion établie, dans la soumission à l'autorité. En secret, pour ne pas chagriner son pauvre père, dont l'*Agnosticismus*, aussi discret fût-il, n'en était pas moins dogmatique à l'extrême, Melpomène se fit catholique romaine. Elle avait vingt-deux ans. À peine quelques mois plus tard, ce fut la guerre et la renonciation éternelle du professeur Fugger au porridge.

---

circonstance (la Guerre) et le caractère dérisoire du sacrifice (le renoncement au porridge). Il provient également du transfert du langage religieux de Melpomène, sur le point de renoncer au monde, au professeur qui vient, à sa façon, de prononcer ses vœux.

He did not long survive the making of that patriotic gesture. In the autumn of 1914 he caught a fatal influenza. Melpomene was alone in the world. In the spring of 1915 there was a new and very conscientious Sister of Charity at work among the wounded[1] in the hospital of Grauburg. Here," explained Miss Penny, jabbing[2] the air with her forefinger, "you put a line of asterisks or dots to signify a six years' gulf[3] in the narrative. And you begin again right in the middle of a dialogue between Sister Agatha and the newly convalescent Kuno[4]."

"What's their dialogue to be about?" I asked.

"Oh, that's easy enough," said Miss Penny. "Almost anything would do. What about this, for example? You explain that the fever has just abated; for the first time for days the young man is fully conscious. He feels himself to be well, reborn, as it were, in a new world—a world so bright and novel[5] and jolly that he can't help[6] laughing at the sight of it. He looks about him; the flies on the ceiling strike him as being extremely comic. How do they manage to walk upside down? They have suckers on their feet, says Sister Agatha, and wonders if her natural history is quite sound. Suckers on their feet—ha, ha! What an uproarious notion! Suckers on their feet—that's good, that's damned good! You can say charming, pathetic, positively tender things about the irrelevant mirth of convalescents—

---

1. **the wounded**: adjectif substantivé à valeur collective. Ex.: **the living and the dead**: *les vivants et les morts.*

2. **to jab**: appliqué à un instrument pointu **(a knife, a stick)**, signifie *piquer, enfoncer, planter.* Le choix du verbe souligne le caractère incisif et pointu, pour ne pas dire chirurgical, de Miss Penny.

3. **a six years' gulf**: emploi idiomatique du cas possessif dans les expressions de temps. Ex.: **an hour's walk**: *une promenade d'une heure.*

4. En technicienne qu'elle est, Miss Penny fait ici un cours sur la technique de la nouvelle. L'humour vient de ce que son cours s'adresse à un spécialiste du genre. Il provient aussi de la contradiction entre le legs qu'elle dit avoir fait de l'histoire (p. 108) et le droit de tutelle qu'elle continue d'exercer.

Il ne survécut pas longtemps à l'accomplissement de ce geste patriotique. À l'automne de 1914, il contracta une funeste grippe. Melpomène était seule au monde. Au printemps de 1915, il y avait une nouvelle sœur de la Charité fort consciencieuse œuvrant parmi les blessés à l'hôpital de Grauburg. Ici», expliqua Miss Penny, perforant l'air de son index, «vous mettez une ligne d'astérisques ou de pointillés pour indiquer un laps de temps de six ans dans le récit. Et vous reprenez au beau milieu d'un dialogue entre sœur Agathe et Kuno, convalescent depuis peu.

— Sur quoi portera leur dialogue?» demandai-je.

«Oh! rien n'est plus simple», répondit Miss Penny. «Pratiquement n'importe quoi ferait l'affaire. Qu'est-ce que vous dites de ça, par exemple? Vous expliquez que la fièvre vient de tomber; pour la première fois depuis des jours, le jeune homme a toute sa lucidité. Il se sent bien, il se sent renaître, en quelque sorte, dans un monde nouveau — un monde si éclatant, si neuf, si gai, qu'il ne peut s'empêcher de rire rien que de le voir. Il regarde autour de lui; les mouches au plafond lui apparaissent du plus haut comique. Comment font-elles pour marcher la tête en bas? — Elles ont des ventouses aux pattes, répond sœur Agathe en se demandant si ses notions d'histoire naturelle sont tout à fait justes. — Des ventouses aux pattes... Ha, ha! Quelle idée farfelue! Des ventouses aux pattes: elle est bonne celle-là, fichtrement bonne! Vous pourrez dire des choses charmantes, touchantes, positivement attendrissantes sur la folle gaieté des convalescents —

---

5. **novel** (adjectif): d'un emploi plus rare que **new**: *neuf*, dans le sens d'*inédit, original*; d'où **novelty**, *la nouveauté*.

6. **can't help (laughing)**: locution verbale idiomatique construite avec le gérondif (nom verbal) ou avec le pronom neutre **it.** Ex.: **I can't help it**: *Je ne peux pas m'en empêcher, c'est plus fort que moi.*

the more so in this particular case, where the mirth is expressed by a young man who is to be taken[1] back to jail as soon as he can stand firmly on his legs. Ha, ha! Laugh on, unhappy boy! It is the quacking[2] of the Fates[3], the Parcæ[4], the Norns[5]!"

Miss Penny gave an exaggerated imitation of her own brassy[6] laughter. At the sound of it the few lunchers who still lingered at the other tables looked up, startled.

"You can write pages about Destiny and its ironic quacking. It's tremendously impressive, and there's money in every line[7]."

"You may be sure I shall."

"Good! Then I can get on with my story. The days pass and the first hilarity of convalescence fades away. The young man remembers and grows sullen; his strength comes back to him, and with it a sense of despair. His mind broods incessantly on the hateful future. As for the consolations of religion, he won't listen to them. Sister Agatha perseveres—oh, with what anxious solicitude!—in the attempt to make him understand and believe and be comforted. It is all so tremendously important, and in this case, somehow, more important than in any other. And now you see the *Geschlechtsleben* working yeastily and obscurely, and once again the quacking of the Norns is audible. By the way," said Miss Penny, changing her tone and leaning confidentially across the table, "I wish you'd tell me something.

---

1. **to be** + infinitif complet : traduit une nécessité inéluctable, un futur prédéterminé. Miss Penny joue les oracles.

2. **quacking** : de **to quack**, verbe onomatopéique imitant le cri discordant du canard, d'où *cancaner* au propre et au figuré.

3. **the Fates** : en latin, « Tria Fata », *les trois Destinées*, de « fatum », *le destin.*

4. Les Parques : les trois Divinités du Destin dans la religion romaine, identifiées aux Moires grecques. La première file la destinée à la naissance, la deuxième enroule le fil de l'existence, la troisième coupe le fil de la vie.

d'autant plus que, dans le cas présent, la gaieté émane d'un jeune homme qui va réintégrer la prison dès qu'il pourra se tenir d'aplomb sur ses jambes. Ha, ha ! ris donc, pauvre garçon ! C'est le caquetage des Destinées, des Parques, des Nornes ! »

Miss Penny fit retentir une imitation outrée de son rire d'airain. À ce bruit, les quelques clients qui s'attardaient encore aux autres tables relevèrent la tête, ahuris.

« Vous pourrez écrire des pages et des pages sur le Destin et son caquetage ironique. C'est terriblement impressionnant et la moindre ligne vaudra de l'or.

— Comptez sur moi.

— Parfait ! Je peux donc continuer mon histoire. Les jours passent et l'hilarité première de la convalescence retombe. Le jeune homme se souvient et devient morose ; ses forces lui reviennent, et avec elles un sentiment de désespoir. Il pense et repense à l'avenir haïssable. Quant aux consolations de la religion, il se refuse à les entendre. Sœur Agathe persévère — et avec quelle sollicitude inquiète — dans ses efforts pour l'amener à comprendre, à croire et à trouver le réconfort. Tout cela est si prodigieusement important et, dans le cas présent, plus important en un sens que dans tout autre cas. Et maintenant on voit le *Geschlechtsleben* œuvrer comme un levain dans l'ombre, et de nouveau on entend le caquetage des Nornes. À propos », dit Miss Penny, changeant de ton et se penchant confidentiellement au-dessus de la table, « il y a une chose que j'aimerais que vous me disiez.

---

5. Les Nornes : ces mêmes Divinités dans la mythologie germanique : l'une connaît le passé, l'autre, le présent, la troisième, l'avenir. À rapprocher des trois sorcières de *Macbeth*, **the weird sisters**.

6. **brassy** (adjectif) : de **brass** (voir n. 3, p. 88). Le rire inhumain de Miss Penny l'identifie aux Destinées.

7. Autre référence au caractère mercantile de Miss Penny.

Do you really—honestly, I mean—do you seriously believe in literature?"

"Believe in literature?"

"I was thinking," Miss Penny explained, "of Ironic Fate[1] and the quacking of the Norns and all that."

"'M yes."

"And then there's this psychology and introspection business; and construction and good narrative and word pictures and *le mot juste* and verbal magic and striking metaphors[2]."

I remembered that I had compared Miss Penny's tinkling ear-rings to skeletons hanging in chains.

"And then, finally, and to begin with—Alpha and Omega[3]—there's ourselves: two professionals gloating[4], with an absolute lack of sympathy, over a seduced nun, and speculating on the best method of turning her misfortunes into cash[5]. It's all very curious, isn't it?—when one begins to think about it dispassionately."

"Very curious," I agreed. "But, then, so is everything else if you look at it like that."

"No, no," said Miss Penny. "Nothing's so curious as our business. But I shall never get to the end of my story if I get started on first principles."

Miss Penny continued her narrative. I was still thinking of literature. Do you believe in it? Seriously?

---

1. L'ironie du destin fait partie des ingrédients de la littérature hérités de la vision tragique des Grecs.

2. Miss Penny dévoile avec un malin plaisir toutes les ficelles du métier et réduit la création littéraire à quelques procédés. Elle est l'iconoclaste par excellence qui démystifie l'art en en montrant tous les dessous.

3. **alpha and omega**: *l'alpha et l'oméga* (première et dernière lettres de l'alphabet grec). Expression de l'Apocalypse (en parlant de Dieu qui est le commencement et la fin) passée dans la langue courante. Utilisée ici avec beaucoup d'à-propos pour évoquer deux écrivains démiurges qui sont respectivement l'alpha et l'oméga de la nouvelle.

Est-ce que vraiment — je veux dire honnêtement — vous croyez sérieusement à la littérature ?

— Si je crois à la littérature ?

— Je songeais », expliqua Miss Penny, « à l'ironie du Destin, au caquetage des Nornes et tout le reste.

— Heu ! oui.

— Et puis il y a ces histoires de psychologie et d'introspection ; et puis la construction, le bon agencement du récit, les descriptions imagées, le mot juste, la magie verbale et les métaphores saisissantes. »

Je me rappelai avoir comparé les boucles d'oreilles cliquetantes de Miss Penny à des squelettes suspendus enchaînés.

« Et puis, en première et dernière analyse — l'alpha et l'oméga de tout ça — il y a nous : deux professionnels qui, sans la moindre sympathie, font leurs délices des malheurs d'une religieuse séduite et spéculent sur le moyen le plus avantageux de monnayer son infortune. Tout cela est fort curieux, vous ne trouvez pas ? — pour peu qu'on y réfléchisse en toute objectivité.

— Oui, fort curieux », acquiesçai-je. « Mais alors, cela est vrai de toute chose envisagée dans cette optique.

— Non, non », dit Miss Penny. « Rien n'est aussi curieux que notre métier. Mais je n'arriverai jamais au terme de mon histoire si je me lance dans les grands principes. »

Miss Penny poursuivit son récit. Je songeais toujours à la littérature. Est-ce que vous y croyez ? Sérieusement ?

---

4. **to gloat over/upon something** : *dévorer des yeux, repaître ses yeux de quelque chose.* Verbe qui traduit à la fois le voyeurisme et la voracité de Miss Penny.

5. Le mercantilisme de Miss Penny apparaît dans les mots **cash**, *l'argent liquide*, et **speculating** (de **to speculate** : *spéculer*) à prendre dans les deux sens, philosophique et financier.

Ah! Luckily the question was quite meaningless. The story came to me rather vaguely, but it seemed that the young man was getting better; in a few more days, the doctor had said, he would be well—well enough to go back to jail. No, no. The question was meaningless. I would think about it no more. I concentrated my attention again[1].

"Sister Agatha," I heard Miss Penny saying, "prayed, exhorted, indoctrinated. Whenever she had half a minute to spare from her other duties she would[2] come running into the young man's room. 'I wonder if you fully realise the importance of prayer?' she would ask, and, before he had time to answer, she would give him a breathless account of the uses and virtues of regular and patient supplication. Or else it was: 'May I tell you about St. Theresa[3]?' or 'St. Stephen, the first martyr[4]—you know about him, don't you?' Kuno simply wouldn't listen[5] at first. It seemed so fantastically irrelevant, such an absurd interruption to his thoughts, his serious, despairing thoughts about the future. Prison was real, imminent, and this woman buzzed[6] about him with her ridiculous fairy-tales. Then, suddenly, one day he began to listen, he showed signs of contrition and conversion. Sister Agatha announced her triumph to the other nuns, and there was rejoicing[7] over the one lost sheep[8].

---

1. Huxley pratique ici la technique de l'interférence et de l'imbrication : deux fils s'entrecroisent, celui du récit et celui des pensées.

2. **would** : auxiliaire de la forme fréquentative exprimant la répétition d'une action dans le passé. Autres exemples dans le passage : **she would ask** et **she would give him**. L'habitude est ici renforcée par la conjonction de temps **whenever**, *chaque fois que*.

3. La réutilisation des lectures de Melpomène n'est pas dépourvue d'humour.

4. Saint Étienne, diacre de la première communauté chrétienne de Jérusalem, lapidé par les Juifs (*Actes des Apôtres*, VI-VII).

5. **would not listen** : **would**, dans ce cas précis, exprime à la fois la répétition de l'action et la volonté.

6. **to buzz** : *bourdonner comme une mouche*. À rapprocher de l'évocation drolatique des mouches au plafond.

Ah ! par bonheur, c'était une question totalement dénuée de sens. L'histoire me parvenait assez confusément. Mais il apparaissait que le jeune homme se portait mieux ; encore quelques jours, avait dit le docteur, et il irait bien — assez bien pour regagner la prison. Non, non. C'était une question dénuée de sens. Il ne fallait plus y penser. Je concentrai de nouveau mon attention.

« Sœur Agathe », j'entendis que disait Miss Penny, « pria, exhorta, endoctrina. Sitôt qu'elle disposait d'une petite minute arrachée à ses autres devoirs, vite elle accourait dans la chambre du jeune homme. "Je me demande si vous avez pleinement conscience de l'importance de la prière", lui disait-elle, et avant qu'il ait eu le temps de répondre, elle lui débitait d'une haleine un discours sur la pratique et les vertus de la supplication régulière et patiente. Ou bien c'était : "Puis-je vous parler de sainte Thérèse ?" ou bien : "Saint Étienne, le premier martyr — vous avez entendu parler de lui, n'est-ce pas ?" Au début, Kuno ne voulait tout simplement rien entendre. Cela lui semblait si incroyablement hors de propos, c'était une interruption si absurde de ses pensées, de ses pensées sérieuses et désespérées concernant l'avenir. La prison était réelle, imminente, et cette femme bourdonnait autour de lui avec ses contes de fées ridicules. Puis, subitement, un beau jour, il se mit à l'écouter, il manifesta des signes de contrition et de conversion. Sœur Agathe annonça son triomphe aux autres nonnes et l'on se félicita de cette unique brebis égarée.

---

7. **to rejoice over something** : *se réjouir de quelque chose.* Traduit une joie sans mélange, à la différence de **to gloat over something** (voir n. 4, p. 123) qui suppose un plaisir pervers.

8. **the one lost (stray) sheep** : parabole biblique de *la brebis égarée* que le Bon Pasteur ramène au bercail (Matthieu, XVIII, 13).

Melpomene had never felt so happy in her life, and Kuno, looking at her radiant face, must have wondered how he could have been such a fool as not to see from the first what was now so obvious. The woman had lost her head about him. And he had only four days now—four days in which to tap[1] the tumultuous love power, to canalise it, to set it working for his escape. Why hadn't he started a week ago[2]? He could have made certain of it[3] then. But now? There was no knowing. Four days was a horribly short time."

"How did he do it?" I asked, for Miss Penny had paused.

"That's for you to say," she replied, and shook her earrings at[4] me. "I don't know. Nobody knows, I imagine, except the two parties concerned and perhaps Sister Agatha's confessor. But one can reconstruct the crime, as they say. How would you have done it? You're a man, you ought to be familiar with the processes[5] of amorous engineering."

"You flatter me[6]," I answered. "Do you seriously suppose—" I extended my arms[7]. Miss Penny laughed like a horse. "No. But, seriously, it's a problem. The case is a very special one. The person, a nun; the place, a hospital; the opportunities, few. There could be no favourable circumstances—no moonlight, no distant music;

---

1. **to tap**: au sens propre, de **a tap**, *un robinet*, signifie *capter, drainer, brancher*; au figuré, *exploiter, soutirer*. Ex.: **to tap somebody for money**: *emprunter de l'argent à, taper quelqu'un.* Reprise de la métaphore hydraulique.

2. **ago**: on attendrait **before**. L'emploi de **ago** avec le **pluperfect** est une tolérance dans la langue parlée.

3. **to make certain of something**: expression idiomatique, signifie *s'assurer quelque chose.*

4. **at**: Miss Penny met son interlocuteur au défi.

5. **a process**: non pas au sens habituel de *processus*, mais au sens technique de *méthode, procédé.* Ex.: **the Bessemer process**: *le procédé Bessemer.*

Melpomène n'avait jamais connu un pareil bonheur de sa vie et Kuno, contemplant son visage radieux, devait se demander comment il avait pu être à ce point stupide pour ne pas voir d'emblée ce qui, à présent, était l'évidence même. Cette femme était follement amoureuse de lui. Et maintenant il ne lui restait plus que quatre jours, quatre jours pour capter cette tumultueuse force d'amour, pour la canaliser et la mettre en action au profit de son évasion. Pourquoi n'avait-il pas commencé huit jours plus tôt ? C'était alors gagné d'avance. Mais maintenant ? Allez savoir. Quatre jours, c'était un délai affreusement court.

— Comment s'y est-il pris ? » demandai-je, car Miss Penny avait marqué un temps d'arrêt.

« Ça, c'est à vous de le dire », répliqua-t-elle en balançant ses boucles d'oreilles à mon adresse. « Moi, je n'en sais rien. Personne n'en sait rien, j'imagine, sinon les deux intéressés, et peut-être le confesseur de sœur Agathe. Mais on peut reconstituer le crime, comme on dit. Vous vous y seriez pris comment ? Vous êtes un homme, vous devriez donc être au fait des techniques du génie amoureux.

— Vous me flattez », répondis-je. « Supposez-vous sérieusement... ? » J'étendis les bras. Miss Penny partit d'un rire chevalin. « Non. Mais sérieusement, c'est un problème. Le cas est très spécial. La personne, une nonne ; le cadre, un hôpital ; les occasions, rares. Il ne pouvait y avoir de circonstances favorables — pas de clair de lune, pas de musique de fond ;

6. **you flatter me** : l'échange d'amabilités entre les deux narrateurs est un jeu d'où l'ironie n'est jamais absente.

7. On appréciera le comique de situation, le narrateur mimant la scène de séduction avec un repoussoir pour partenaire.

and any form of direct attack would be sure to fail. That audacious confidence which is your amorist's[1] best weapon would be useless here."

"Obviously," said Miss Penny. "But there are surely other methods. There is the approach through pity and the maternal instincts. And there's the approach through Higher Things, through the soul. Kuno must have worked on those lines, don't you think? One can imagine him letting himself be converted, praying with her, and at the same time appealing for her sympathy and even threatening—with a great air of seriousness—to kill himself rather than go back to jail. You can write that up[2] easily and convincingly enough. But it's the sort of thing that bores me so frightfully to do. That's why I can never bring myself to write fiction. What is the point of it all? And the way you literary men[3] think yourselves so important—particularly if you write tragedies. It's all very queer, very queer indeed."

I made no comment. Miss Penny changed her tone and went on with the narrative.

"Well," she said, "whatever the means employed, the engineering process was perfectly successful. Love was made to find out a way. On the afternoon before Kuno was to go back to prison, two Sisters of Charity walked out of the hospital gates, crossed the square in front of it, glided down the narrow streets[4] towards the river,

---

1. **an amorist** : mot recherché qui correspond au français *un galant*, et qui s'emploie avec une intention ironique.

2. **to write something up** : *coucher par écrit, rédiger*, la postposition **up** ayant ici son sens habituel de *complètement* et suggérant un travail fini dans les moindres détails. Locution verbale utilisée couramment dans le langage journalistique avec le sens de *faire un compte rendu.*

3. **you literary men** : littéralement, *vous, les hommes de lettres.* L'agressivité de Miss Penny est double, professionnelle et sexuelle : sa prise à partie de l'écrivain trahit au premier degré le complexe d'infériorité de la journaliste face à l'homme de lettres ; on peut y voir également, venant d'une femme hommasse, la haine et le mépris de l'homme.

et toute forme d'attaque directe était vouée à l'échec. Cette assurance audacieuse qui est la meilleure arme de votre séducteur ne serait ici d'aucune utilité.

— De toute évidence », fit Miss Penny. « Mais il existe assurément d'autres méthodes. Il y a l'approche par le biais de la pitié et de l'instinct maternel. Et puis il y a l'approche par les Choses de l'Esprit, par l'âme. C'est par ces voies-là que Kuno a dû opérer, vous ne pensez pas ? On l'imagine se laissant convertir, priant avec elle et, en même temps, faisant appel à sa compassion, allant jusqu'à la menacer — en affectant le plus grand sérieux — de se tuer plutôt que de retourner en prison. Vous n'aurez aucun mal à rédiger ça, à le tourner de façon convaincante. Mais c'est le genre de chose qui m'ennuie souverainement quand il faut s'y atteler. Voilà pourquoi je ne pourrai jamais me résoudre à faire du roman. À quoi ça rime ? Et cette façon que vous avez, vous autres gens de lettres, de vous croire si importants — surtout si vous pondez des tragédies. Tout cela est fort étrange, fort étrange, à vrai dire. »

Je ne fis aucun commentaire. Miss Penny changea de ton et poursuivit son récit.

« Enfin », dit-elle, « quel qu'ait été le moyen utilisé, le système fonctionna parfaitement. L'amour fut contraint de trouver une issue. La veille du jour où Kuno devait réintégrer la prison, deux sœurs de la Charité, dans l'après-midi, franchirent les grilles de l'hôpital, traversèrent la place située sur le devant, se glissèrent par les ruelles qui descendaient vers la rivière ;

---

4. **glided down the streets**: la préposition **down**, exprimant l'action, correspond au verbe *descendre* en français ; le verbe **to glide**, *glisser*, traduit la manière dont s'effectue l'action, c.-à-d. *subrepticement*, ce que rend le verbe français *se glisser*.

boarded a tram at the bridge, and did not descend till the car had reached its terminus in the farther suburbs. They began to walk briskly along the high road out into the country[1]. 'Look!' said one of them, when they were clear of the houses; and with the gesture of a conjurer produced from nowhere a red leather purse. 'Where did it come from?' asked the other, opening her eyes. Memories of Elisha and the ravens[2], of the widow's cruse[3], of the loaves and fishes[4], must have floated through the radiant fog in poor Melpomene's mind. 'The old lady I was sitting next to in the tram left her bag open. Nothing could have been simpler.' 'Kuno! You don't mean to say you stole it?' Kuno swore horribly. He had opened the purse. 'Only sixty marks. Who'd have thought that an old camel, all dressed up in silk and furs, would only have sixty marks in her purse. And I must have a thousand at least to get away.' It's easy to reconstruct the rest of the conversation down to the inevitable, 'For God's sake[5], shut up,' with which Kuno put an end to Melpomene's dismayed moralising. They trudge on in silence. Kuno thinks desperately. Only sixty marks; he can do nothing with that. If only he had something to sell, a piece of jewellery, some gold or silver—anything, anything. He knows such a good place for selling things.

---

1. **to walk out into the country** : **out** exprime l'idée de sortir de la ville, **into**, celle de gagner la campagne.

2. Allusion biblique aux corbeaux qui ont nourri le prophète Élie dans le désert (I Rois, xvii, 6).

3. **the widow's cruse** : *la cruche de la veuve.* Allusion au miracle accompli par Élie pour récompenser la veuve qui l'avait nourri : "Neither shall the **cruse** of oil fail", *et l'huile de la fiole ne tarira point* (I Rois, xvii, 14). Expression devenue proverbiale en anglais pour signifier une source d'abondance intarissable.

4. **loaves and fishes** : expression biblique, littéralement, *les pains et les poissons.* Fait référence au double miracle accompli par Jésus qui, avec 5 pains d'orge et 2 poissons, nourrit une foule de 5 000 personnes (Matthieu, xiv, 15-21). Miracle dit de *la multiplication des pains* en français.

arrivées au pont, elles montèrent dans un tramway et n'en descendirent que lorsque la voiture eut atteint le terminus dans les faubourgs les plus reculés. Elles se mirent à marcher d'un bon pas sur la grand-route pour sortir de la ville et gagner la campagne. "Regarde!" dit l'une d'elles, quand elles eurent dépassé les maisons; et d'un geste de prestidigitateur elle fit sortir de nulle part un porte-monnaie de cuir rouge. "D'où vient-il?" demanda l'autre, écarquillant les yeux. Il dut flotter, à travers la brume rayonnante dans l'esprit de la pauvre Melpomène, des réminiscences d'Élie et des corbeaux, de la cruche de la veuve, et de la multiplication des pains. "La vieille dame assise à côté de moi dans le tramway a laissé son sac ouvert. Rien de plus simple. — Kuno! Tu ne veux quand même pas dire que tu l'as volé?" Kuno lâcha un horrible juron. Il venait d'ouvrir le porte-monnaie. "Seulement soixante marks! Qui aurait pu croire qu'un vieux chameau tout attifé de soie et de fourrures n'aurait que soixante marks dans son porte-monnaie? Et il m'en faut mille, au moins, pour me tirer." Il est facile de reconstituer le reste de la conversation jusqu'à l'inévitable "Nom de Dieu! ferme-la!" avec lequel Kuno mit fin au sermon consterné de Melpomène. Ils continuent à marcher péniblement en silence. Kuno réfléchit furieusement. Soixante marks seulement; avec ça, il ne peut rien faire. Si seulement il avait quelque chose à vendre, un bijou, de l'or, ou de l'argent — n'importe quoi, n'importe quoi. Il connaît une si bonne adresse pour écouler la marchandise.

---

5. **sake**, dont l'emploi se limite à des expressions idiomatiques, se construit toujours avec un génitif (cas possessif ou préposition **of**). Ex. : **for Heaven's sake**: *pour l'amour du Ciel*; **for pity's sake**: *par pitié, de grâce.* **For God's sake** devient un juron dans la bouche de Kuno.

Is he to be caught again for lack of a few marks? Melpomene is also thinking. Evil must often be done that good may[1] follow. After all, had not she herself stolen Sister Mary of the Purification's clothes[2] when she was asleep after night duty? Had not she run away from the convent, broken her vows? And yet how convinced she was that she was doing rightly! The mysterious Powers emphatically approved; she felt sure of it. And now there was the red purse. But what was a red purse in comparison with a saved soul—and, after all, what was she doing but[3] saving Kuno's soul?" Miss Penny, who had adopted the voice and gestures of a debater asking rhetorical questions, brought her hand with a slap on to the table. "Lord[4], what a bore this sort of stuff is!" she exclaimed. "Let's get to the end of this dingy anecdote as quickly as possible. By this time, you must imagine, the shades of night were falling fast—the chill November twilight, and so on; but I leave the natural descriptions to you[5]. Kuno gets into the ditch at the roadside and takes off his robes. One imagines that he would feel himself safer in trousers, more capable of acting with decision in a crisis. They tramp on[6] for miles. Late in the evening they leave the high road and strike up through the fields[7] towards the forest. At the fringe of the wood they find one of those wheeled huts where the shepherds sleep in the lambing season.

---

1. **may/might** : auxiliaire du subjonctif dans les propositions subordonnées de but introduites par **that/so that** *(pour que)* quand à l'idée de *but* s'ajoute une idée de *possibilité*.

2. Kuno porte l'habit de sœur Marie de la Purification, mais l'habit ne fait pas le moine, **the cowl does not make the monk.**

3. **but = if not.**

4. **Lord** : Miss Penny s'identifie à son héros jusque dans ses jurons.

5. Miss Penny ne laisse au narrateur que la portion congrue : il n'est bon qu'à faire du remplissage **(filling).**

6. **they tramp on** : la postposition **on** marque la continuité de l'action **(to tramp).**

Va-t-il se faire reprendre faute de quelques marks? Melpomène réfléchit, elle aussi. Il faut souvent faire le mal pour que le bien s'ensuive. Après tout, n'avait-elle pas elle-même volé l'habit de sœur Marie de la Purification pendant qu'elle dormait, après son service de nuit? Ne s'était-elle pas enfuie du couvent, n'avait-elle pas rompu ses vœux? Et pourtant, comme elle était convaincue d'avoir bien agi! Les Puissances mystérieuses l'approuvaient hautement — elle en était sûre. Et puis maintenant, il y avait ce porte-monnaie rouge. Mais qu'est-ce qu'un porte-monnaie rouge en regard d'une âme sauvée — car, après tout, que faisait-elle sinon sauver l'âme de Kuno?» Miss Penny, qui avait adopté la voix et les gestes d'un dialecticien posant des questions de pure rhétorique, abattit bruyamment sa main sur la table. «Dieu! que ce genre de laïus est rasoir!» s'écria-t-elle. «Venons-en au plus vite à la fin de cette lamentable anecdote. Entre-temps, comme vous pouvez l'imaginer, les ombres de la nuit tombaient rapidement, le crépuscule glacial de novembre, etc., mais je vous laisse le soin des descriptions de la nature. Kuno descend dans le fossé qui longe la route et ôte sa robe. On conçoit qu'il puisse se sentir plus en sécurité en pantalon, plus à même d'agir avec décision en cas de crise. Ils continuent à couvrir des kilomètres. Tard dans la soirée, ils quittent la grand-route et coupent à travers champs en direction de la forêt. À l'orée du bois, ils trouvent une de ces cabanes sur roues où dorment les bergers à la saison de l'agnelage.

---

7. **to strike up through the fields = to cut across**, *prendre, couper à travers champs,* de **to strike** au sens de *prendre une direction.* La postposition de mouvement ne fait que renforcer l'action du verbe. On pourrait dire également **to strike off** ou **to strike out across the fields.**

"The real 'Maison du Berger[1].'"

"Precisely," said Miss Penny, and she began to recite:

'Si ton cœur gémissant du poids de notre vie
Se traîne et se débat comme un aigle blessé...'

How does it go on? I used to adore it all so much when I was a girl:

'Le seuil est parfumé, l'alcôve est large et sombre,
Et là parmi les fleurs, nous trouverons dans l'ombre
Pour nos cheveux unis un lit silencieux.'

I could go on like this indefinitely."

"Do," I said.

"No, no. No, no. I'm determined to finish this wretched story. Kuno broke the padlock of the door. They entered. What happened in that little hut?" Miss Penny leaned forward at me[2]. Her large hare's eyes glittered, the long ear-rings swung and faintly tinkled. "Imagine[3] the emotions of a virgin of thirty, and a nun at that, in the terrifying presence of desire. Imagine the easy, familiar brutalities of the young man. Oh, there's pages[4] to be made out of this — the absolutely impenetrable darkness, the smell of straw, the voices, the strangled crying, the movements! And one likes to fancy that the emotions pulsing about in that confined space made palpable vibrations like a deep sound that shakes the air[5].

---

1. Poème composé par Alfred de Vigny en 1844 et publié dans *Les Destinées* (1864). On remarquera l'à-propos de l'allusion littéraire qui renvoie à la parabole de la brebis égarée (p. 124).

2. **leaned forward at me** : s'oppose à **leaning confidentially across the table.** La préposition **at** traduit l'agressivité de la femme frustrée.

3. **imagine** : un mot clef chez Miss Penny. L'impératif répété deux fois traduit sa compulsion obsessionnelle : elle cède à la volupté du voyeurisme que suscite et nourrit son imagination. Voir plus bas **one likes to fancy.**

4. **there's pages** : mis pour **there are pages.** Laxisme de la langue parlée. Miss Penny ne se départ jamais de son matérialisme.

— La vraie "Maison du Berger".

— Exactement », dit Miss Penny, et elle se mit à déclamer :

> Si ton cœur gémissant du poids de notre vie
> Se traîne et se débat comme un aigle blessé...

« Qu'est-ce qui vient après ? C'est fou ce que j'adorais ces choses-là quand j'étais jeune :

> Le seuil est parfumé, l'alcôve est large et sombre,
> Et là parmi les fleurs, nous trouverons dans l'ombre
> Pour nos cheveux unis un lit silencieux.

Je pourrais continuer comme ça indéfiniment.

— Allez-y », dis-je.

« Non, non. Non, non. Je veux absolument en finir avec cette maudite histoire. Kuno fit sauter le cadenas de la porte. Ils entrèrent. Que s'est-il passé dans cette petite cabane ? » Miss Penny se pencha vers moi. Ses grands yeux de lièvre s'allumèrent et les longues boucles d'oreilles oscillèrent avec un léger cliquetis. « Imaginez les émotions d'une vierge de trente ans, d'une nonne, qui plus est, en la présence terrifiante du désir. Imaginez les brutalités faciles et familières du jeune homme. Oh ! il y a des pages et des pages à écrire là-dessus — l'obscurité absolument impénétrable, l'odeur de la paille, les voix, les cris étranglés, les mouvements ! Et on se plaît à imaginer que les émois, dont les pulsations emplissaient cet espace exigu, produisaient des vibrations palpables comme un bruit profond peut ébranler l'air.

---

5. La vision érotisée de Miss Penny apporte un démenti comique à la vision euphémisée du romantique ("lit silencieux"). À travers Miss Penny se trouve objectivée la désublimation de l'amour qui est la marque de notre temps.

Why, it's ready-made literature, this scene. In the morning," Miss Penny went on, after a pause, "two woodcutters on their way to work noticed that the door of the hut was ajar. They approached the hut cautiously, their axes raised and ready for a blow if there should[1] be need of it. Peeping in[2], they saw a woman in a black dress lying face downwards in the straw. Dead? No; she moved, she moaned. 'What's the matter?' A blubbered face, smeared with streaks of tear-clotted grey dust, is lifted[3] towards them. 'What's the matter?'—'He's gone!' What a queer, indistinct utterance. The woodcutters regard[4] one another. What does she say? She's a foreigner, perhaps. 'What's the matter?' they repeat once more. The woman bursts out violently crying. 'Gone, gone! He's gone,' she sobs out in her vague, inarticulate way. 'Oh, gone. That's what she says. Who's gone?'—'He's left me.'—'What?'—'Left me...'—'What the devil[5]...? Speak a little more distinctly.'—'I can't,' she wails; 'he's taken my teeth[6].'—'Your what?'—'My teeth!'—and the shrill voice breaks into a scream, and she falls back sobbing into the straw. The woodcutters look significantly at one another. They nod. One of them applies a thick yellow-nailed forefinger to his forehead[7]."

Miss Penny looked at her watch.

---

1. **should :** auxiliaire du subjonctif utilisé après un **if** hypothétique *(au cas où, à supposer que)* pour exprimer une éventualité. Ex. : **if I should die :** *si je venais à mourir.*

2. **peeping in :** la postposition **in** traduit la direction du regard, le verbe, la nature de ce regard ; **to peep :** *jeter un coup d'œil, regarder furtivement.* Ex. : **to peep through the keyhole :** *regarder par le trou de la serrure.*

3. **is lifted :** le présent de narration est rare en anglais, pourtant Miss Penny n'hésite pas à passer du prétérit au présent pour produire un effet d'illusion dramatique.

4. **to regard :** pris au sens littéraire de *regarder avec insistance.*

5. **(what) the devil :** interjection populaire qui, comme en français, sert à renforcer le pronom interrogatif. L'humour vient de l'impropriété d'un juron irréligieux lancé à une religieuse.

Voyons, c'est de la littérature toute faite, une scène pareille ! Le lendemain matin », poursuivit Miss Penny après un silence, « deux bûcherons allant à leur travail remarquèrent que la porte de la cabane était entrouverte. Ils s'en approchèrent prudemment, la hache levée et prête à frapper si nécessaire. Glissant un œil, ils virent une femme en robe noire qui gisait le visage enfoui dans la paille. Morte ? Non, elle bougeait, elle geignait. "Qu'est-ce qui ne va pas ?" Un visage bouffi, barbouillé de traînées de poussière grise coagulée par les larmes, se lève vers eux. "Qu'est-ce qui ne va pas ? — Il est parti !" Quelle élocution bizarre et indistincte ! Les bûcherons échangent un regard appuyé. Qu'est-ce qu'elle dit ? C'est peut-être une étrangère. "Qu'est-ce qui ne va pas ?" répètent-ils une fois de plus. La femme est prise d'une violente crise de larmes. "Parti, parti ! Il est parti !" dit-elle en sanglotant dans son parler confus et inarticulé. "Ah ! parti ! C'est ça qu'elle dit. Qui c'est qui est parti ? — Il m'a quittée. — Quoi ? — Quittée... — Mais enfin, que diable... ? Parlez un peu plus distinctement ! — Peux pas", gémit-elle, "il a pris mes dents. — Vos quoi ? — Mes dents !" La voie aiguë devient un cri, et la femme retombe en sanglotant dans la paille. Les bûcherons se regardent d'un air entendu. Ils hochent la tête. L'un d'eux applique à son front un gros index à l'ongle jauni. »

Miss Penny regarda sa montre.

---

6. **my teeth :** symbole sexuel, les dents sont associées ici, de par leur blancheur et leur prix, au bien précieux de la virginité. La perte de ses dents, qui fait d'elle une fille perdue, retire à sœur Agathe le don de la parole, autrement dit, sa raison d'être.

7. Miss Penny vient de terminer son scénario : découpages, dialogues et indications scéniques.

"Good heavens[1]!" she said, "it's nearly half-past three. I must fly[2]. Don't forget about the funeral service," she added, as she put on her coat. "The tapers, the black coffin in the middle of the aisle, the nuns in their white-winged coifs, the gloomy chanting[3], and the poor cowering[4] creature without any teeth, her face all caved in like an old woman's, wondering whether she wasn't really and in fact dead—wondering whether she wasn't already in hell[5]. Good-bye."

---

1. **Good heavens:** nouvel outrage à la piété de la part de l'impie qu'est Miss Penny.
2. **to fly:** s'emploie couramment au sens familier de *filer*.
3. **chanting:** nom verbal, gérondif du verbe **to chant**, au sens religieux de *psalmodier*.
4. **cowering:** de **to cower** (sous-entendu **with fear**). Traduit la position recroquevillée d'un être mort de peur. Ex. : **to cower before somebody :** *trembler devant quelqu'un.*

« Ciel ! » dit-elle, « il est presque trois heures et demie. Il faut que je me sauve. N'oubliez pas l'histoire de l'office funèbre », ajouta-t-elle en enfilant son manteau. « Les cierges, le cercueil noir au milieu de la nef latérale, les nonnes en cornettes blanches, la lugubre psalmodie, et la pauvre créature toute recroquevillée, la bouche édentée, le visage creusé comme celui d'une vieille, se demandant si elle n'était pas morte pour de bon — si elle n'était pas déjà en enfer. Au revoir. »

---

5. Le dernier tableau est un retour à la scène des funérailles (p. 98). Ce retour au macabre est symptomatique de la névrose de Miss Penny et confère à la nouvelle son caractère néo-gothique. Tous les accessoires **(trappings)** du roman gothique sont ici réunis par Huxley à des fins parodiques : les cierges, les chants funèbres, le cercueil, le cadavre. Par-delà la nécromanie de rigueur, on trouve aussi le même antipapisme dans la présentation de l'Église catholique, fille de l'Inquisition, qui départage en noir et blanc les bons et les méchants.

PERMUTATIONS AMONG THE NIGHTINGALES

A PLAY

PERMUTATIONS PARMI LES ROSSIGNOLS

PIÈCE EN UN ACTE

It is night on the terrace outside the Hotel Cimarosa[1]. *Part of the garden façade of the hotel is seen at the back of the stage—a bare white wall, with three French windows giving on to*[2] *balconies about ten feet from the ground, and below them, leading from the terrace to the lounge, a double door of glass, open now, through which a yellow radiance streams out into the night. On the paved terrace stand two or three green iron tables and chairs*[3]. *To the left a mass of dark foliage, ilex and cypress, in the shadow of which more tables and chairs are set. At the back to the left a strip of sky is visible between the corner of the hotel and the dark trees, blue and starry, for it is a marvellous June evening. Behind the trees the ground slopes steeply down and down*[4] *to an old city in the valley below, of whose invisible presence you are made aware by the sound of many bells wafted up from a score*[5] *of slender towers in a sweet and melancholy discord that seems to mourn the passing of each successive hour. When the curtain rises the terrace is almost deserted; the hotel dinner is not yet over. A single guest,* COUNT ALBERTO TIRETTA[6], *is discovered, sitting in a position of histrionic*[7] *despair at one of the little green tables. A waiter stands respectfully sympathetic at his side.*

---

1. Domenico Cimarosa (1749-1801), compositeur italien célèbre pour ses opéras, dont le plus connu est *Le Mariage secret* (1791). Le nom de l'hôtel est choisi à dessein compte tenu de l'intrigue.

2. **to give on to :** le jeu des deux prépositions traduit à la fois *donner sur* et *donner accès à ;* **to give (up) on** signifie simplement *avoir vue sur.*

3. **iron tables and chairs :** mot à mot *des tables et des chaises de fer.*

4. **down and down :** le redoublement de la postposition **down** renforce le sens du verbe **to slope**, *descendre en pente*, ajoutant à l'idée de *déclivité* la notion de *continuité.*

Il fait nuit sur la terrasse de l'hôtel Cimarosa. Une partie de la façade de l'hôtel côté jardin est visible au fond de la scène — un mur blanc et nu avec trois portes-fenêtres ouvrant sur des balcons à quelque trois mètres du sol. Au-dessous, donnant accès au salon, une porte vitrée à double battant, ouverte à présent, laisse échapper dans la nuit un flot de lumière jaune. Sur la terrasse dallée sont placées deux ou trois tables et des chaises de jardin de couleur verte. Du côté gauche, à l'ombre d'une masse de feuillage noir, des chênes verts et des cyprès, sont disposées d'autres tables et d'autres chaises. Au fond, à gauche, entre l'angle de l'hôtel et le noir des arbres, on distingue un pan de ciel bleu étoilé, car c'est une merveilleuse soirée de juin. Derrière les arbres, le terrain descend en pente raide jusqu'aux abords d'une vieille ville dans la vallée en contrebas — présence invisible que l'on devine aux tintements d'une nuée de cloches qui s'envolent de quelque vingt campaniles élancés et dont la dissonance douce et mélancolique semble d'heure en heure pleurer la fuite du temps. Au lever du rideau, la terrasse est quasi déserte : le dîner à l'hôtel n'est pas encore terminé. Un seul client, le COMTE ALBERTO TIRETTA, *apparaît assis à une des petites tables vertes dans la posture de l'histrion éploré. Un garçon d'hôtel se tient respectueusement compatissant à ses côtés.*

---

5. **a score :** au sens précis de *vingt ;* **a score of**, en anglais moderne, a le plus souvent le sens indéfini d'*une vingtaine* et s'emploie au pluriel dans le sens de **a great many**. Ex. : **scores of times :** *trente-six fois.*

6. Nom sans doute suggéré par l'italien « una tirata », *une tirade*. Souligne la théâtralité du personnage. La terminaison féminine en **-a** fait de lui une femmelette.

7. **histrionic :** adjectif courant en anglais dérivé de **a histrion**, *un histrion, un cabotin.* A le double sens de *théâtral* et d'*hypocrite*.

ALBERTO *is a little man with large lustrous eyes and a black moustache, about twenty-five years of age. He has the pathetic charm of an Italian street-boy with an organ*[1]*—almost as pretty and sentimental as Murillo's*[2] *little beggars.*

ALBERTO *(making a florid*[3] *gesture with his right hand and with his left covering his eyes).* Whereupon, Waiter *(he is reciting a tale of woes*[4]*)*, she slammed the door in my face. *(He brings down his gesticulating right hand with a crash on to the table.)*

WAITER. In your face, Signore? Impossible!

ALBERTO. Impossible, but a fact. Some more brandy[5], please; I am a little weary. *(The Waiter uncorks the bottle he has been holding under his arm and fills Alberto's glass.)*

WAITER. That will be one lira twenty-five, Signore.

ALBERTO *(throwing down a note).* Keep the change.

WAITER *(bowing).* Thank you, Signore. But if I were[6] the Signore I should beat her. *(He holds up the Cognac bottle and by way of illustration slaps its black polished flanks.)*

ALBERTO. Beat her? But I tell you I am in love with her.

WAITER. All the more reason, then, Signore. It will be not only a stern disciplinary duty, but a pleasure as well; oh, I assure you, Signore, a pleasure.

---

1. **an organ** : mis pour **a barrel-organ**, *un orgue de Barbarie.*
2. Bartolomé Murillo (1618-1682), célèbre peintre espagnol qui, dans ses représentations d'enfants des rues, atténue le réalisme du sujet par la sentimentalité du style.
3. **florid** : ici au sens de **ostentatious**, *ostentatoire ;* **a florid gesture** souligne le côté « bel cantiste » du personnage.
4. **to recite a tale of woes : to recite** : *réciter*, au sens fort de *déclamer* ; **a tale of woes** est une expression figée qui correspond en français à *une litanie* (de plaintes). Le mélo est le trait dominant d'Alberto.

ALBERTO *est un petit homme d'environ vingt-cinq ans, aux grands yeux brillants et à la moustache noire. Il a le charme attendrissant de ces gamins des rues qu'on voit en Italie jouer de l'orgue de Barbarie ; il est presque aussi mièvre et aussi joli que les petits mendiants de Murillo.*

ALBERTO *(faisant un large geste de la main droite et se cachant les yeux de la main gauche).* — Sur quoi, garçon *(il est en train de débiter tous ses malheurs)*, elle m'a claqué la porte au nez. *(Il abat sur la table avec fracas la main qui gesticulait.)*

LE GARÇON. — Au nez, Signore ? Impossible !

ALBERTO. — Impossible, mais vrai. Un autre cognac, s'il vous plaît ; je me sens un peu las. *(Le garçon débouche la bouteille qu'il tenait sous le bras et remplit le verre d'Alberto.)*

LE GARÇON. — Ça fait une lire vingt-cinq, Signore.

ALBERTO *(jetant un billet sur la table).* — Gardez la monnaie.

LE GARÇON *(s'inclinant).* — Merci, Signore. N'empêche que si j'étais le Signore, je la battrais. *(Il lève la bouteille de cognac et, à titre d'illustration, claque ses flancs lisses et noirs.)*

ALBERTO. — Moi, la battre ? Mais je vous dis que je suis amoureux d'elle.

LE GARÇON. — Raison de plus, Signore. Au lieu de n'être qu'un devoir de stricte discipline, ce sera un plaisir. Ah ! croyez-moi, Signore, un plaisir.

---

5. **brandy :** ici au sens spécifique de *cognac.* Terme qui, en règle générale, s'applique à tous les alcools de vin et de fruits (**apple-brandy**, *calvados* ; **plum-brandy**, *eau-de-vie de prune* ou *de quetsche* ; **pear-brandy**, *poiré*).

6. **if I were :** prétérit modal à valeur conjecturale qui correspond à l'irréel du présent et qui traduit ici l'irréalité de la supposition introduite par **if**. Ex. : **if I were you :** *si j'étais à votre place.*

ALBERTO. Enough, enough. You sully the melancholy beauty of my thoughts. My feelings at this moment are of an unheard-of delicacy and purity. Respect them, I beg you. Some more brandy, please.

WAITER *(pouring out the brandy)*. Delicacy, purity... Ah, believe me, Signore... That will be one lira twenty-five.

ALBERTO *(throwing down another note with the same superbly aristocratic gesture)*. Keep the change.

WAITER. Thank you, Signore. But as I was saying, Signore: delicacy, purity... You think I do not understand such sentiments. Alas, Signore, beneath the humblest shirt-front there beats a heart[1]. And if the Signore's sentiments are too much for him, I have a niece. Eighteen years old, and what eyes, what forms!

ALBERTO. Stop, stop. Respect my feelings, Waiter, as well as the ears of the young lady *(he points towards the glass doors)*. Remember she is an American[2]. *(The Waiter bows and goes into the hotel.)*

SIDNEY DOLPHIN[3] *and* MISS AMY TOOMIS[4] *come out together on to the terrace.* MISS AMY *supports*[5] *a well-shaped head on one of the most graceful necks that ever issued from Minneapolis*[6]. *The eyes are dark*[7], *limpid, ingenuous; the mouth expresses sensibility*[8].

---

1. Sans doute inspiré par ce vers de Matthew Arnold, "The same heart beats in every human breast" (*Buried Life,* 1870).

2. Coup de patte à la pudibonderie américaine (cf. p. 108), qui sert d'introduction au personnage de Miss Toomis.

3. Dans la symbolique animale, le dauphin est le plus intelligent des poissons. L'identification de l'écrivain au poisson est une constante chez Huxley, le milieu aquatique lui servant de paroi protectrice et de loupe pour l'observation du monde extérieur.

4. Le prénom **Amy** permet à Huxley de jouer sur le verbe *aimer* et ses dérivés. Le nom **Toomis** est choisi pour rimer avec Minneapolis et se prête au calembour, **too (much of a) miss,** *trop ingénue,* et **to miss,** *rater l'occasion, louper le coche.*

5. **to support :** au sens propre de *soutenir, servir de support.* Miss Amy est la cariatide américaine.

ALBERTO. — Suffit, suffit ! Vous profanez la beauté mélancolique de mes pensées. En cet instant, mes sentiments sont d'une délicatesse et d'une pureté à nulle autre pareille. Respectez-les, je vous prie. Un autre cognac, s'il vous plaît.

LE GARÇON *(versant le cognac)*. — La délicatesse, la pureté... Ah ! croyez-moi, Signore... Ça fait une lire vingt-cinq.

ALBERTO *(jetant sur la table un nouveau billet avec le même geste superbement aristocratique)*. — Gardez la monnaie.

LE GARÇON. — Merci, Signore. Mais comme je vous le disais, Signore, la délicatesse, la pureté... Vous pensez que je ne comprends pas ces sentiments. Hélas ! Signore, sous le plus humble plastron, il est un cœur qui bat. Et si jamais les sentiments du Signore lui pèsent trop, j'ai une nièce. Dix-huit ans, et quels yeux, quelles formes !

ALBERTO. — Assez, assez ! Respectez mes sentiments, garçon, ainsi que les chastes oreilles de la jeune personne *(il montre du doigt la porte vitrée)*. N'oubliez pas qu'elle est américaine. *(Le garçon s'incline et rentre dans l'hôtel.)*

SIDNEY DOLPHIN *et* MISS AMY TOOMIS *sortent ensemble sur la terrasse.* MISS AMY *porte une tête bien proportionnée sur un des cous les plus gracieux que Minneapolis ait jamais produits. Les yeux sont bleu foncé, limpides et ingénus ; la bouche trahit de la sensibilité.*

---

6. La capitale de l'État du Minnesota, dans le Middle West, au cœur des États-Unis. Minneapolis, à ce titre, est la ville américaine la plus représentative.

7. **dark** : mis pour **dark blue** (cf. **china-blue eyes**, p. 186).

8. **sensibility** : au sens premier du mot, *la sensibilité.*

She is twenty-two and the heiress of those ill-gotten Toomis millions[1]. SIDNEY DOLPHIN *has a romantic aristocratic appearance. The tailoring of 1830 would suit him. Balzac would have described his face as* plein de poésie. *In effect he does happen to be a poet. His two volumes of verse, "Zoetrope*[2]*" and "Trembling Ears*[3]*," have been recognised by intelligent critics as remarkable*[4]*. How far they are poetry nobody, least of all Dolphin himself, is certain. They may be merely the ingenious products of a very cultured and elaborate brain. Mere curiosities; who knows? His age is twenty-seven.*

They sit down at one of the little iron tables. ALBERTO *they do not see; the shadow of the trees conceals him. For his part, he is too much absorbed in savouring his own despair to pay any attention to the newcomers. There is a long, uncomfortable silence.* DOLPHIN *assumes the Thinker's mask*[5]*—the bent brow, the frown, the finger to the forehead.* AMY *regards this romantic gargoyle with some astonishment. Pleased with her interest in him,* DOLPHIN *racks his brains to think of some way of exploiting this curiosity to his own advantage; but he is too shy to play any of the gambits*[6] *which his ingenuity suggests.* AMY *makes a social effort and speaks, in chanting*[7] *Middle Western tones.*

1. Les scandales financiers auxquels étaient mêlés les ploutocrates américains étaient monnaie courante depuis la seconde moitié du XIXe siècle. L'affaire la plus retentissante fut la spéculation pratiquée par Jay Gould sur le marché de l'or en 1869.

2. **a zoetrope** : en français, *un zootrope*, appareil dans lequel les mouvements décomposés d'un être vivant sont observés à travers les fentes d'un cylindre tournant de manière à créer l'illusion du mouvement. Cet instrument porte aussi le nom de **wheel of life**. Or, le premier recueil de vers publié par Huxley en 1916 a pour titre **The Burning Wheel**. De plus, Huxley collabora de 1917 à 1921 à l'anthologie de poésie, ***Wheels***, dirigée par Edith Sitwell. Le titre choisi par Dolphin fait de lui un adepte du vorticisme, mouvement avant-gardiste anglais lancé par Ezra Pound en 1914.

Elle a vingt-deux ans et se trouve être l'héritière des fameux millions frauduleusement acquis par les Toomis. SIDNEY DOLPHIN *a une allure aristocratique et romantique. L'habit 1830 lui irait bien. Balzac aurait décrit son visage comme étant* « plein de poésie ». *Le fait est qu'il est poète. Ses deux recueils de vers,* Zootrope *et* L'Ouïe frémissante, *ont été jugés remarquables par les critiques intelligents. Dans quelle mesure ces vers sont de la poésie, nul ne saurait le dire, pas même Dolphin. Peut-être ne sont-ils que le produit ingénieux d'un esprit éminemment subtil et cultivé. De simples curiosités, qui sait ? Il a vingt-sept ans.*

Tous deux s'installent à une des petites tables de jardin sans voir ALBERTO *dissimulé dans l'ombre des arbres. Celui-ci, pour sa part, est trop occupé à se délecter de son désespoir pour prêter la moindre attention aux nouveaux venus. Suit un long silence embarrassant.* DOLPHIN *revêt le masque du Penseur — tête inclinée, sourcil froncé, doigt au front.* AMY *contemple cette gargouille romantique avec un certain étonnement. Ravi de l'intérêt qu'elle lui porte,* DOLPHIN *se torture l'esprit pour savoir comment tirer parti de cette curiosité ; mais il est trop timide pour jouer aucun des coups que lui suggère son ingéniosité.* AMY *fait un effort de conversation : elle parle avec l'accent chantant du Middle West.*

---

3. **ears** : deux sens possibles, soit *oreilles*, soit *épis* (de blé, etc.). La traduction retenue rend compte de l'attirance du dauphin pour la musique et permet de jouer sur la pluralité de sens du mot français, *l'ouïe*.

4. Typique de la vanité d'auteur. Virginia Woolf avait défini le jeune Huxley poète comme "an urbane and cultivated writer" (*Times Literary Supplement*, 10 oct. 1918).

5. Référence au « Penseur » de Rodin (1880-1885).

6. **gambit** : voir note 1, p. 48. Pris ici au sens de **opening gambit**, *une manœuvre, une tactique, une entrée de jeu.*

7. **chanting** : a ici le sens de **sing-song accent**, *un accent chantant et traînant.*

AMY. It's been a wonderful day, hasn't it?

DOLPHIN *(starting, as though roused from profoundest thought).* Yes, yes, it has.

AMY. You don't often get it as fine as this in England, I guess[1].

DOLPHIN. Not often.

AMY. Nor do we over at home.

DOLPHIN. So I should suppose[2]. *(Silence. A spasm of anguish crosses* DOLPHIN'S *face; then he reassumes the old Thinker's mask.* AMY *looks at him for a little longer, then, unable to suppress her growing curiosity, she says with a sudden burst of childish confidence[3]:)*

AMY. It must be wonderful[4] to be able to think as hard[5] as you do, Mr. Dolphin. Or are you sad about something?

DOLPHIN *(looks up, smiles, and blushes; a spell[6] has been broken).* The finger at the temple, Miss Toomis, is not the barrel of a revolver.

AMY. That means you're not specially sad about anything. Just thinking.

DOLPHIN. Just thinking.

AMY. What about?

DOLPHIN. Oh, just life, you know—life and letters.

AMY. Letters? Do you mean love letters.

---

1. **I guess :** américanisme qui correspond à l'anglais **I imagine.**

2. **so I should suppose :** mis pour **I should suppose so.** L'adverbe **so** en tête de phrase est en position emphatique ; **so** est ici synonyme d'une proposition elliptique : il reprend implicitement la proposition précédemment énoncée. **Should**, dans le cas présent, est un élément pondérateur du discours.

3. **confidence :** signifie ici *confiance, assurance.* Ex. : **self-confidence :** *la confiance en soi* ; **a vote of confidence :** *un vote de confiance* ; **a motion of no confidence :** *une motion de censure.*

4. **wonderful**, répété à intervalles rapprochés, est une pauvreté dans la bouche de Miss Toomis.

5. **to think hard :** l'adverbe **hard** signifie *fort, dur.* Ex. : **to work hard :** *travailler dur.* La formulation simpliste de Miss Toomis traduit la puérilité de sa pensée.

AMY. — Ce fut une merveilleuse journée, n'est-ce pas ?

DOLPHIN *(sursautant comme tiré d'une pensée ultra-profonde).* — Oui, oui, merveilleuse.

AMY. — Vous n'en avez pas souvent d'aussi belles en Angleterre, j'imagine.

DOLPHIN. — Non, pas souvent.

AMY. — Nous non plus, en Amérique.

DOLPHIN. — Je m'en serais douté. *(Nouveau silence. Un frisson d'angoisse parcourt le visage de* DOLPHIN *qui reprend l'instant d'après le vieux masque du Penseur.* AMY *le regarde encore un moment, puis, incapable de réprimer sa curiosité grandissante et mue par un soudain élan d'assurance enfantine, elle s'exclame :)*

AMY. — Ce doit être merveilleux, Mr. Dolphin, de pouvoir penser très fort comme vous. Ou serait-ce que quelque chose vous chagrine ?

DOLPHIN *(lève les yeux, sourit et rougit ; un maléfice vient d'être rompu).* — Le doigt sur la tempe, Miss Toomis, n'est pas le canon d'un revolver.

AMY. — Ce qui veut dire que rien de précis ne vous chagrine. C'est simplement que vous pensez.

DOLPHIN. — C'est cela même.

AMY. — Et vous pensez à quoi ?

DOLPHIN. — Oh ! tout simplement à la vie, voyez-vous, à la vie et aux lettres.

AMY. — Aux lettres ? Vous voulez dire aux lettres d'amour ?

---

6. **a spell :** *un charme, un sortilège, un maléfice.* Ex. : **to cast a spell :** *jeter un sort* ; **to be spellbound :** *être envoûté.* Le maléfice dont il est question ici est la timidité maladive de Dolphin.

DOLPHIN. No, no. Letters in the sense of literature; letters as opposed to life.

AMY *(disappointed)*. Oh, literature. They used to teach us literature at school. But I could never understand Emerson[1]. What do you think about literature for[2]?

DOLPHIN. It interests me, you know. I read it; I even try to write it.

AMY *(very much excited)*. What, are you a writer, a poet, Mr. Dolphin?

DOLPHIN. Alas, it is only too true; I am.

AMY. But what do you write?

DOLPHIN. Verse and prose, Miss Toomis. Just verse and prose.

AMY *(with enthusiasm)*. Isn't that interesting! I've never met a poet before, you know.

DOLPHIN. Fortunate being. Why, before I left England I attended a luncheon of the Poetry Union at which no less than a hundred and eighty-nine poets were present[3]. The sight of them[4] made me decide to go to Italy.

AMY. Will you show me your books?

DOLPHIN. Certainly not, Miss Toomis. That would ruin our friendship. I am insufferable in my writings[5]. In them I give vent to all the horrible thoughts and impulses which I am too timid to express or put into practice in real life[6].

---

1. Ralph Waldo Emerson (1803-1882), essayiste et philosophe américain qui fonda le « transcendentalisme », mouvement de philosophie religieuse qui concilie un individualisme romantique et un panthéisme mystique.

2. Allusion moqueuse au matérialisme américain.

3. Probablement une attaque contre la Poetry Society, fondée en 1909, qui ne comptait parmi ses adhérents aucun des modernistes, amis de Huxley.

4. **the sight of them** : tournure idiomatique à valeur emphatique et péjorative.

5. En choisissant le métier d'écrivain, le jeune Huxley s'était donné pour principe de se permettre en littérature ce qu'il s'interdisait dans la vie : 'Realism in art and letters, in everything, except life'... that is my

DOLPHIN. — Non, non. Les lettres au sens de littérature, les lettres par opposition à la vie.

AMY *(déçue)*. — Oh ! la littérature ! À l'école, on nous apprenait la littérature. Mais je n'ai jamais rien compris à Emerson. Vous pensez à la littérature pour quoi faire ?

DOLPHIN. — Cela m'intéresse, voyez-vous. J'en fais mes lectures ; j'essaie même d'écrire.

AMY *(tout excitée)*. — Quoi ! vous êtes écrivain, poète, Mr. Dolphin ?

DOLPHIN. — Hélas ! oui, ce n'est que trop vrai.

AMY. — Mais qu'est-ce que vous écrivez ?

DOLPHIN. — Des vers et de la prose, Miss Toomis. Rien que des vers et de la prose.

AMY *(enthousiasmée)*. — Que c'est intéressant ! C'est la première fois, voyez-vous, que je rencontre un poète.

DOLPHIN. — Heureuse créature ! Figurez-vous qu'avant de quitter l'Angleterre, je me suis trouvé à un déjeuner des Amis de la Poésie qui réunissait au bas mot cent quatre-vingt-neuf poètes. Le seul fait de les voir m'a incité à fuir en Italie.

AMY. — Vous me montrerez vos livres ?

DOLPHIN. — Certainement pas, Miss Toomis. Cela détruirait notre amitié. Je suis odieux dans mes écrits. J'y donne libre cours à toutes les horribles pensées, à tous les horribles instincts que ma timidité m'empêche d'exprimer ou de mettre en pratique dans la réalité.

---

motto, and it seems to me to be about the nec plus ultra of human wisdom" (*Letters*, 1er févr. 1915).

6. L'écriture exutoire que pratique Huxley est définie par un autre de ses doubles comme étant "the offence of exhibitionism" ("Eupompus Gave Splendour to Art by Numbers", 1916).

Take me as you find me here, a decent specimen of a man[1], shy but able to talk intelligently when the layers of ice are broken, aimless, ineffective[2], but on the whole quite a good sort[3].

AMY. But I know that man already, Mr. Dolphin. I want to know the poet. Tell me what the poet is like.

DOLPHIN. He is older, Miss Toomis, than the rocks on which he sits[4]. He is villainous[5]. He is... but there, I really must stop. It was you who set me going, though. Did you do it on purpose?

AMY. Do what on purpose?

DOLPHIN. Make me talk about myself. If you want to get people to like you, you must always lead the conversation on to the subject of their characters. Nothing pleases them so much. They'll talk with enthusiasm for hours and go away saying that you're the most charming, cleverest person they've ever met. But of course you knew that already. You're Machiavellian[6].

AMY. Machiavellian? You're the first person that's ever said that. I always thought I was very simple and straightforward. People say about me that... Ah, now *I'm* talking about myself. That was unscrupulous of you. But you shouldn't have told me about the trick if you wanted it to succeed.

---

1. **a decent specimen of a man**: la tournure idiomatique **of** suivi de l'article indéfini s'emploie pour séparer deux noms, le premier qualifiant le second. Ex.: **her drunkard of a husband**: *son ivrogne de mari*; **that idiot of a clerk**: *cet imbécile d'employé*; **a palace of a house**: *un vrai palais.*

2. L'impuissance de la volonté, l'inefficacité sont les traits qui caractérisent les *personae* du jeune Huxley, personnalités timides et effacées, qui toutes compensent leur complexe d'infériorité par une suractivité mentale. C'est le cas notamment de John Ridley, le héros du poème « Soles Occidere et Redire Possunt » (*Leda*, 1920), et de Denis Stone, le héros du roman *Crome Yellow,* 1921.

3. **a good sort** (sous-entendu **of person**): expression idiomatique de la langue familière. Ex.: **he is not a bad sort**: *ce n'est pas un mauvais bougre*; **she's a good sort**: *c'est une brave fille.*

Acceptez-moi tel que vous me voyez là, le type même du gentil garçon, timide et pourtant capable de dire des choses intelligentes quand la glace est rompue, indécis, inefficace, mais, somme toute, bon enfant.

AMY. — Mais cet homme-là, je le connais déjà, Mr. Dolphin. Je veux connaître le poète. Dites-moi à quoi ressemble le poète.

DOLPHIN. — Il est plus vieux, Miss Toomis, que le rocher sur lequel il se tient. Il est ignoble. Il est... mais arrêtons là, j'en ai déjà trop dit. Il n'empêche que c'est vous qui m'y avez poussé. L'avez-vous fait exprès ?

AMY. — Fait quoi exprès ?

DOLPHIN. — De m'obliger à parler de moi. Si vous voulez plaire aux gens, vous n'avez qu'à les amener à parler d'eux-mêmes. Rien ne les comble davantage. Ils vous entretiendront avec passion des heures durant et s'en iront en déclarant que vous êtes la personne la plus charmante et la plus intelligente qu'ils aient jamais rencontrée. Mais, bien sûr, je ne vous apprends rien. Vous êtes machiavélique.

AMY. — Machiavélique ? Vous êtes le premier à avoir jamais dit cela de moi. J'ai toujours pensé que j'étais la franchise et la simplicité mêmes. Les gens disent de moi que... Ah ! mais voilà qu'à mon tour je parle de moi. C'est malhonnête de votre part. Cela dit, vous n'auriez jamais dû me donner la recette si vous vouliez qu'elle réussisse.

---

4. Réminiscence de Walter Pater qui écrit à propos de La Joconde : "She is older than the rocks among which she sits" (*Studies in the History of the Renaissance*, 1873).

5. **villainous** (adjectif) : de **a villain**, *un traître, un scélérat*, celui qui commet une vilenie. Annonce l'adjectif **machiavellian**, appliqué plus bas à Miss Toomis.

6. L'humour vient de l'impropriété de cette épithète aux implications diaboliques adjointe à une oie blanche.

DOLPHIN. Yes. It was silly of me. If I hadn't, you'd have gone on talking about yourself and thought me the nicest man in the world.

AMY. I want to hear about your poetry. Are you writing any now?

DOLPHIN. I have composed the first line of a magnificent epic. But I can't get any further.

AMY. How does it go?

DOLPHIN. Like this *(he clears his throat)*. "Casbeen[1] has been, and Moghreb[2] is no more." Ah, the transience of all sublunary things[3]! But inspiration has stopped short there.

AMY. What exactly does it mean?

DOLPHIN. Ah, there you're asking too much, Miss Toomis. Waiter, some coffee for two.

WAITER *(who is standing in the door of the lounge)*. Si, Signore. Will the lady and gentleman take it here, or in the gardens, perhaps?

DOLPHIN. A good suggestion. Why shouldn't the lady and gentleman take it in the garden?

AMY. Why not?

DOLPHIN. By the fountain, then, Waiter. We can talk about ourselves there to the tune of falling waters.

AMY. And you shall[4] recite your poetry, Mr. Dolphin. I just love poetry. Do you know Mrs. Wilcox's *Poems of Passion*[5]?

---

1. Casbeen (ou Kasbin), en français, Qazvin (ou Kazvin), capitale de la Perse de 1548 à 1598.

2. Moghreb (ou Maghreb, ou Maghrib) : il s'agit du Maghreb en tant que puissance et entité politique, dont l'unité territoriale et religieuse fut réalisée par la dynastie des Almohades (1159-1229). L'épopée passéiste de Dolphin, eût-elle été écrite, aurait chanté les grands empires perdus.

3. Réminiscence de John Hall, "The Uncertainty of all sublunary things" (*Paradoxes*, 1650).

4. **shall** : futur emphatique qui traduit l'impatience de Miss Toomis.

Dolphin. — C'est vrai. C'est stupide de ma part. Si je ne vous l'avais pas donnée, vous seriez encore en train de parler de vous et vous vous seriez dit que j'étais la perle des hommes.

Amy. — Je voudrais que vous me parliez de votre poésie. Êtes-vous en train d'en écrire ?

Dolphin. — J'ai composé le premier vers d'une magnifique épopée. Mais je n'ai pas réussi à aller plus loin.

Amy. — C'est comment ?

Dolphin. — Ça commence ainsi *(il s'éclaircit la voix).* « Qazvin s'est tue, et le Maghreb a chu. » Hélas ! l'éphémère des choses sublunaires ! Mais c'est là que mon inspiration s'est tarie.

Amy. — Qu'est-ce que cela veut dire exactement ?

Dolphin. — Ne m'en demandez pas trop, Miss Toomis. Garçon, du café pour deux.

Le garçon *(debout à la porte du salon).* — Si, Signore. Mademoiselle et Monsieur prendront-ils un café ici ou bien dans les jardins ?

Dolphin. — Très bonne idée ! Pourquoi Mademoiselle et Monsieur ne prendraient-ils pas leur café au jardin ?

Amy. — Et pourquoi pas ?

Dolphin. — Alors, près de la fontaine, garçon. Nous pourrons y parler de nous-mêmes au son des cascatelles.

Amy. — Et vous réciterez vos poèmes, Mr. Dolphin. J'adore la poésie. Connaissez-vous Mrs. Wilcox et ses *Poèmes de passion* ?

---

5. Ella Wheeler Wilcox (1850-1919), poétesse américaine, dont les recueils de poésies édifiantes et sentimentales, *Poems of Cheer, Poems of Courage, Poems of Life*, etc., connurent un immense succès aux États-Unis et en Grande-Bretagne. Ses *Poems of Passion* (1883), réimprimés tous les ans des deux côtés de l'Atlantique, furent sans doute les plus populaires, l'édition londonienne de 1911 étant la 20e réédition.

(They go out to the left. A nightingale utters two or three phrases of song and from far down the bells of the city jangle the three-quarters and die slowly away into the silence out of which they rose and came together.)

(LUCREZIA GRATTAROL[1] *has come out of the hotel just in time to overhear Miss Toomis's last remark, just in time to see her walk slowly away with a hand on* SIDNEY DOLPHIN'S *arm.* LUCREZIA *has a fine thoroughbred*[2] *appearance, an aquiline nose, a finely curved sensual mouth, a superb white brow, a quivering nostril. She is the last of a family whose name is as illustrious in Venetian annals as that of Foscarini*[3], *Tiepolo*[4], *or Tron*[5]. *She stamps a preposterously high-heeled foot and tosses her head.)*

LUCREZIA. Passion! Passion, indeed! An American! *(She starts to run after the retreating couple, when* ALBERTO, *who has been sitting with his head between his hands, looks up and catches sight of the newcomer.)*

ALBERTO. Lucrezia!

LUCREZIA *(starts, for in the shade beneath the trees she had not seen him).* Oh! You gave me such a fright, Alberto. I'm in a hurry now. Later on, if you...

ALBERTO *(in a desperate voice that breaks into a sob).* Lucrezia! You must come and talk to me. You must.

---

1. Le prénom **Lucrezia** suggère à la fois la beauté de Lucrèce Borgia et le machiavélisme de sa famille. Le nom **Grattarol** fait allusion à Pier Antonio Gratarol (1730-1785), avocat vénitien à la Chancellerie ducale, dont le libertinage causa la disgrâce.

2. **thoroughbred :** adjectif et nom, s'emploie surtout au sens propre pour qualifier ou designer *un* (cheval) *pur-sang* ; au figuré, signifie *bien né*. Huxley joue sur les deux registres du mot, tout en renforçant l'image équine au moyen de l'expression **a quivering nostril** et des verbes **to stamp**, *piétiner, piaffer*, et **to toss**, *secouer*, qui suggèrent le caractère fougueux de la bête. Lucrezia est un des quatre chevaux de la basilique Saint-Marc.

(Ils sortent par le côté gauche. Un rossignol fait entendre deux ou trois mesures de son chant, et, de très loin, du fond de la vallée, les cloches de la ville carillonnent moins le quart et lentement retournent au silence d'où elles s'étaient envolées en mêlant leurs voix.)

*(*LUCREZIA GRATTAROL *est sortie de l'hôtel juste à temps pour entendre les dernières paroles de* MISS TOOMIS *et pour la voir s'éloigner à petits pas, la main posée sur le bras de* SIDNEY DOLPHIN. LUCREZIA *a de la race ; elle a fière allure, un nez aquilin, une bouche sensuelle bien dessinée, un magnifique front d'albâtre, et la narine palpitante. Elle est la dernière d'une lignée dont le nom est tout aussi illustre dans les annales vénitiennes que ceux de Foscarini, de Tiepolo ou de Tron. Elle martèle le sol de son talon outrageusement haut et secoue sa crinière.)*

LUCREZIA. — Passion ! Passion ! Et puis quoi encore ! Une Américaine ! *(Elle va se lancer à la poursuite du couple qui s'éloigne quand* ALBERTO, *qui jusque-là est resté assis, la tête entre les mains, lève les yeux et aperçoit la nouvelle venue.)*

ALBERTO. — Lucrezia !

LUCREZIA *(sursaute, ne l'ayant pas remarqué dans l'ombre sous les arbres).* — Oh ! que vous m'avez fait peur, Alberto ! Il se trouve que je suis pressée. Plus tard, si vous...

ALBERTO *(d'une voix désespérée qui se brise en sanglots).* — Lucrezia ! Il faut que vous veniez me parler, il le faut absolument.

---

3. Francesco Foscari (ou Foscarini), doge de Venise de 1423 à 1457.
4. Giambattista Tiepolo (1696-1770) et son fils Giandomenico (1727-1804) furent tous deux de célèbres peintres vénitiens.
5. Niccolo Tron, doge de Venise de 1471 à 1473.

LUCREZIA. But I tell you I can't now, Alberto. Later on.

ALBERTO *(the tears streaming down his cheeks).* Now, now, now! You must come now. I am lost if you don't.

LUCREZIA *(looking indecisively first at* ALBERTO *and then along the path*[1] *down which* AMY *and* SIDNEY DOLPHIN *have disappeared).* But supposing I am lost if I do come?

ALBERTO. But you couldn't be as much lost as I am. Ah, you don't know what it is to suffer. Nur wer die Sehnsucht kennt weiss wass ich leide[2]. Oh, Lucrezia... *(He sobs unrestrainedly.)*

LUCREZIA *(goes over to*[3] *where* ALBERTO *is sitting. She pats his shoulder and his bowed head of black curly hair).* There, there, my little Bertino. Tell me what it is. You mustn't cry. There, there.

ALBERTO *(drying his eyes and rubbing his head, like a cat, avid of caresses, against her hand).* How can I thank you enough[4], Lucrezia? You are like a mother to me.

LUCREZIA. I know. That's just what's so dangerous.

ALBERTO *(lets his head fall upon her bosom).* I come to you for comfort, like a tired child, Lucrezia.

LUCREZIA. Poor darling! *(She strokes his hair, twines its thick black tendrils round her fingers.* ALBERTO *is abjectly pathetic.)*

---

1. **looking... along the path** : la préposition **along** exprime un trajet et se traduit en français par les verbes *suivre, parcourir* ; d'où **to look along...** : *parcourir des yeux, du regard.*

2. « Nur wer die Sehnsucht kennt/Weiss wass ich leide » : littéralement, *seul celui qui connaît la nostalgie sait ce que je souffre.* Citation de Goethe tirée de « Sehnsucht » (*Wilhelm Meister*, 1797), poème mis en musique par Schubert en 1815. Alberto joue les héros romantiques et Goethe lui sert de caution pour authentifier la comédie de la souffrance.

3. **goes over to** : la postposition **over** traduit la notion d'une distance à couvrir, d'un espace à franchir, la préposition **to** exprimant la

LUCREZIA. — Mais je vous dis qu'en ce moment, je ne peux pas, Alberto. Plus tard.

ALBERTO *(le visage ruisselant de larmes).* — Non, tout de suite, tout de suite ! Il faut que vous veniez tout de suite. Sinon je suis perdu.

LUCREZIA *(indécise, regardant d'abord* ALBERTO, *puis parcourant des yeux l'allée dans laquelle* AMY *et* SIDNEY DOLPHIN *ont disparu).* — Et si c'était pour moi être perdue que de venir à vous ?

ALBERTO. — Mais vous ne pourriez jamais l'être autant que moi. Ah ! vous ne savez pas ce que c'est que souffrir ! Nur wer die Sehnsucht kennt weiss wass ich leide. Oh ! Lucrezia... *(Il sanglote sans retenue.)*

LUCREZIA *(s'avançant jusqu'à l'endroit où* ALBERTO *est assis. Elle lui tapote l'épaule, caresse les boucles noires sur la tête inclinée).* — Allons, allons, mon petit Bertino ! Dites-moi ce qui ne va pas. Faut pas pleurer. Allons, allons !

ALBERTO *(séchant ses larmes et frottant sa tête comme un chat avide de caresses contre la main de* LUCREZIA*).* — Comment pourrai-je assez vous remercier, Lucrezia ? Vous êtes une mère pour moi.

LUCREZIA. — Je sais. Et c'est bien là le danger.

ALBERTO *(laisse tomber sa tête sur le sein de* LUCREZIA*).* — Je viens à vous, Lucrezia, chercher le réconfort comme un enfant à bout de forces.

LUCREZIA. — Pauvre chéri ! *(Elle lui passe la main dans les cheveux, enroule autour de ses doigts les épaisses boucles noires.* ALBERTO *est lamentablement pathétique.)*

---

destination. Ex. : **to cross over from Dover to Calais :** *faire la traversée de Douvres à Calais* ; **he flew over to New York :** *il est parti pour New York en avion.*

4. La gratitude abusive ou abusée, selon les cas, est un leitmotiv de la pièce.

ALBERTO *(with closed eyes and a seraphic smile).* Ah, the suavity, the beauty of this maternal instinct!

LUCREZIA *(with a sudden access of energy and passion*[1]*).* The disgustingness of it, you mean. *(She pushes him from her. His head wobbles*[2] *once, as though it were inanimate, before he straightens into life.)* The maternal instinct. Ugh[3]! It's been the undoing of too many women. You men come with your sentimental babyishness and exploit it for your own lusts. Be a man, Bertino. Be a woman, I mean, if you can.

ALBERTO *(looking up at her with eyes full of doglike, dumb reproach).* Lucrezia! You, too? Is there nobody who cares for me? This is the unkindest cut of all[4]. I may as well die[5]. *(He relapses into tears.)*

LUCREZIA *(who has started to go, turns back, irresolute).* Now don't cry, Bertino. Can't you behave like a reasonable being[6]? *(She makes as though to go again.)*

ALBERTO *(through his sobs).* You too, Lucrezia! Oh, I can't bear it, I can't bear it.

LUCREZIA *(turning back desperately).* But what do you want me to do? Why should you expect *me* to hold your hand?

ALBERTO. I thought better of you, Lucrezia. Let me go. There is nothing left for me now but death. *(He rises to his feet, takes a step or two, and then collapses into another chair, unable to move.)*

---

1. **passion :** à prendre ici au sens de *rage, fureur*. Ex. : **to fly into a passion :** *piquer une colère.*

2. **to wobble :** au sens général du terme, *branler, balloter, vaciller.* Ex. : **wobbling legs :** *les jambes molles* ou *flageolantes* ; **a wobbling voice :** *une voix chevrotante.* Souvent associé à **jelly**, *la gelée,* traduit ici le caractère flasque et visqueux d'Alberto.

3. L'horreur de l'instinct maternel est à rapprocher de la haine du viviparisme qui est une constante dans l'œuvre de Huxley. Cf. la visite de la porcherie dans *Crome Yellow* (ch. v) et la phobie de la maternité dans *Brave New World.*

ALBERTO *(les yeux clos, un sourire séraphique aux lèvres).* — Ah ! la suavité, la beauté de l'instinct maternel !

LUCREZIA *(dans un brusque sursaut d'énergie et de rage).* — Son horreur, vous voulez dire ! *(Elle le repousse. La tête d'*ALBERTO *bascule comme une masse inerte avant qu'il se redresse et reprenne vie.)* L'instinct maternel. Pouah ! C'est ce qui a fait le malheur de trop de femmes. Vous autres, les hommes, vous arrivez avec votre infantilisme affectif et vous en usez pour satisfaire vos sens. Soyez un homme, Bertino ! Que dis-je, soyez une femme, si vous en avez la trempe !

ALBERTO *(levant sur elle un regard de chien battu, lourd de muets reproches).* — Lucrezia ! Vous aussi ? Il n'y a donc personne au monde qui m'aime ? Vous me portez le coup le plus perfide. Autant mourir. *(Il se remet à pleurer.)*

LUCREZIA *(qui commençait à s'éloigner, hésite et revient sur ses pas).* — Allons, Bertino, ne pleurez pas. Vous ne pouvez donc pas vous conduire en être sensé ? *(Elle fait mine de repartir.)*

ALBERTO *(entre deux sanglots).* — Vous aussi, Lucrezia ! Oh ! c'en est trop ! C'en est trop !

LUCREZIA *(retournant sur ses pas, excédée).* — Mais que voulez-vous que je fasse ? Pourquoi me demandez-vous à moi de vous tenir la main ?

ALBERTO. — Je me faisais une plus haute idée de vous, Lucrezia. Lâchez-moi. Il ne me reste plus qu'à mourir. *(Il se lève, fait deux ou trois pas, puis s'écroule sur une autre chaise, incapable de faire un mouvement.)*

---

4. **the unkindest cut of all** : locution empruntée à Shakespeare : "This was the most unkindest cut of all" (*Julius Caesar*, III, 2, 188) : *Ce fut le coup le plus cruel* (de tous les coups).

5. Le chantage affectif fait partie des mécanismes d'Alberto. Que ce soit un schème répétitif se vérifie plus tard : **there is nothing left for me now but death.** Cela dit, le chantage au suicide est un motif récurrent qui relève de la structure même de la pièce.

6. L'appel à la raison, lié au précédent, est un autre thème itératif.

LUCREZIA *(torn between anger and remorse)*. Now do behave yourself sensibly, Bertino. There, there... you mustn't cry. I'm sorry if I've hurt you. *(Looking towards the left along the path taken by* AMY *and* DOLPHIN.*)* Oh, damnation[1]! *(She stamps her foot.)* Here, Bertino, do pull yourself together. *(She raises him up.)* There, now you must stop crying. *(But as soon as she lets go of him his head falls back on to the iron table with an unpleasant, meaty[2] bump. That bump is too much for* LUCREZIA. *She bends over him, strokes his head, even kisses the lustrous curls.)* Oh, forgive me, forgive me! I have been a beast. But tell me first, what's the matter, Bertino? What is it, my poor darling? Tell me.

ALBERTO. Nobody loves me.

LUCREZIA. But we're all devoted to you, Bertino mio.

ALBERTO. She isn't. To-day she shut the door in my face.

LUCREZIA. She? You mean the Frenchwoman, the one you told me about? Louise, wasn't she?

ALBERTO. Yes, the one with the golden hair.

LUCREZIA. And the white legs[3]. I remember: you saw her bathing.

ALBERTO *(lays his hand on his heart[4])*. Ah, don't remind me of it. *(His face twitches convulsively.)*

---

1. **damnation**: plus rare sous forme de juron que **damn** et, par conséquent, plus emphatique. Lucrezia est un tempérament, comme en témoigne la brusquerie de son langage et de ses gestes: **she stamps her foot** et **she raises him up.**

2. **meaty** (adjectif): de **meat**, *la viande*. Traduit la flaccidité, l'absence d'ossature qui fait d'Alberto une chique molle. À rapprocher du côté gélatineux du verbe **to wobble** (voir n. 3, p. 162).

3. **and the white legs**: l'humour naît du contraste entre la vision idéalisée d'Alberto, **the golden hair**, et celle plus terre à terre de Lucrezia.

Lucrezia *(partagée entre la colère et le remords)*. — Voyons, Bertino, je vous en prie, soyez raisonnable. Allons, allons... il ne faut pas pleurer. Je suis navrée de vous avoir fait de la peine. *(Jetant un regard vers la gauche en direction de l'allée empruntée par* Amy *et* Dolphin.*)* Enfer et damnation ! *(Elle tape du pied.)* Allez, Bertino, ressaisissez-vous. *(Elle le redresse.)* Allons, maintenant il ne faut plus pleurer. *(Mais sitôt qu'elle le lâche, la tête d'Alberto retombe sur la table de fer avec un vilain bruit, comme un morceau de viande. C'en est trop pour* Lucrezia. *Elle se penche sur* Alberto, *lui caresse la tête et va jusqu'à couvrir de baisers les boucles soyeuses.)* Oh ! pardonnez-moi, pardonnez-moi ! J'ai été monstrueuse. Mais tout d'abord, dites-moi ce qui ne va pas, Bertino. Que vous arrive-t-il, mon pauvre chéri ? Dites-moi.

Alberto. — Personne ne m'aime.

Lucrezia. — Mais nous vous sommes tous très attachés, Bertino mio.

Alberto. — Pas elle. Aujourd'hui elle m'a claqué la porte au nez.

Lucrezia. — Qui ça, elle ? Vous voulez dire la Française, celle dont vous m'avez parlé ? Elle s'appelle bien Louise ?

Alberto. — Oui, celle qui a des cheveux d'or.

Lucrezia. — Et les jambes blanches. Je me souviens, vous l'avez vue se baigner.

Alberto *(la main sur le cœur)*. — Ah ! ne ravivez pas le souvenir. *(Son visage se convulse.)*

---

4. Huxley nous convie dans le domaine de la comédie pure et de la parodie : la pose romantique de l'amoureux transi qui suit l'évocation du détail anatomique est des plus savoureuses.

LUCREZIA. And now she's gone and shut the door in your face.

ALBERTO. In my face, Lucrezia.

LUCREZIA. Poor darling!

ALBERTO. For me there is nothing now but the outer darkness[1].

LUCREZIA. Is the door shut for ever, then?

ALBERTO. Definitively, for ever[2].

LUCREZIA. But have you tried knocking? Perhaps, after all, it might be opened again, if only a crack[3].

ALBERTO. What, bruise my hands against the granite of her heart[4]?

LUCREZIA. Don't be too poetical, Bertino mio. Why not try again, in any case?

ALBERTO. You give me courage.

LUCREZIA. There's no harm in trying, you know.

ALBERTO. Courage to live, to conquer[5]. *(He beats his breast.)* I am a man again, thanks to you, Lucrezia, my inspirer, my Muse, my Egeria[6]. How can I be sufficiently grateful. *(He kisses her.)* I am the child of your spirit[7]. *(He kisses her again.)*

LUCREZIA. Enough, enough. I am not ambitious to be a mother, yet awhile. Quickly now, Bertino, I know you will succeed.

---

1. **outer darkness**: mot à mot, *les ténèbres du dehors*.

2. **definitively, for ever**: effet comique de la redondance.

3. **a crack**: synonyme de **a chink**, *une fente*, d'où *l'entrebâillement* (de la porte). Ex. : **through the crack in the door**: *par l'entrebâillement de la porte*; **leave the window open a crack**: *laissez la fenêtre entrouverte*. Le prosaïsme de Lucrezia détruit les effets poétiques d'Alberto.

4. **the granite of her heart**: un des nombreux clichés pour *un cœur de pierre*; d'où l'adjectif composé **granite-hearted**, *au cœur de granit*.

5. **to live, to conquer**: Alberto s'est forgé la devise d'un preux chevalier. On pense aussitôt à la combinaison latine *vivere/vincere*.

6. **Egeria**: du nom de la nymphe qui aurait été la conseillère de Numa Pompilius. Les redondances hyperboliques relèvent du comique verbal.

LUCREZIA. — Et maintenant elle vous a quitté et elle vous a claqué la porte au nez.

ALBERTO. — Au nez, Lucrezia.

LUCREZIA. — Pauvre chéri !

ALBERTO. — À présent, il ne me reste plus que les ténèbres de la nuit.

LUCREZIA. — La porte est donc à tout jamais fermée ?

ALBERTO. — Pour toujours, et à tout jamais.

LUCREZIA. — Mais avez-vous essayé de frapper ? Qui sait, cette porte pourrait encore s'ouvrir, ou du moins s'entrebâiller ?

ALBERTO. — Quoi ? Me meurtrir la main au granit de son cœur ?

LUCREZIA. — Pas trop d'effets poétiques, Bertino mio ! Quoi qu'il en soit, pourquoi ne pas réessayer ?

ALBERTO. — Vous me redonnez courage.

LUCREZIA. — Il n'y a pas de mal à essayer, vous savez.

ALBERTO. — Le courage de vivre et de vaincre. *(Il se frappe la poitrine.)* Je suis redevenu un homme, grâce à vous, Lucrezia, mon inspiratrice, ma Muse, mon Égérie. Comment puis-je vous être assez reconnaissant ? *(Il l'embrasse.)* Je suis le fruit de votre conception. *(Il l'embrasse à nouveau.)*

LUCREZIA. — Suffit, suffit ! Je n'ai pas l'ambition d'être mère de si tôt. Faites vite, Bertino, je sais que vous réussirez.

---

7. **the child of your spirit** : Alberto l'entend au sens de **your brain-child, the child of your imagination.** Mais **spirit** a un sens religieux sur lequel Huxley joue : Alberto est le fruit d'une Immaculée Conception. Lucrezia ne s'y trompe pas, comme le prouve sa réponse, et fait la transposition de **spirit** à **womb**, Alberto devenant le fruit de ses entrailles.

ALBERTO *(cramming his hat down on his head*[1] *and knocking with his walking-stick on the ground).* Succeed or die, Lucrezia. *(He goes out with a loud and martial stamp.)*

LUCREZIA *(to the waiter who is passing across the stage with a coffee-pot and cups on a tray).* Have you seen the Signorina Toomis, Giuseppe?

WAITER. The Signorina is down in the garden. So is the Signore Dolphin[2]. By the fountain, Signorina. This is the Signore's coffee.

LUCREZIA. Have you a mother, Giuseppe?

WAITER. Unfortunately, Signorina.

LUCREZIA. Unfortunately? Does she treat you badly, then?

WAITER. Like a dog, Signorina.

LUCREZIA. Ah, I should like to see your mother. I should like to ask her to give me some hints on how to bring up children.

WAITER. But surely, Signorina, you are not expecting[3], you—ah...

LUCREZIA. Only figuratively, Giuseppe. My children are spiritual children[4].

WAITER. Precisely, precisely! My mother, alas! is not a spiritual relation[5]. Nor is my fiancée[6].

LUCREZIA. I didn't know you were engaged.

---

1. **cramming his hat down on his head**: expression idiomatique, du verbe **to cram**, *bourrer, fourrer*, d'où **to cram down**: *enfoncer*. Ex.: **he crammed his hat (down) over his eyes**: *il a enfoncé son chapeau sur ses yeux.*

2. **so is the Signore**: mot à mot, *le Signore aussi.* L'adverbe **so** reprend et sous-entend la proposition précédente. L'inversion de l'auxiliaire et du sujet est obligatoire et fait porter l'accent sur le sujet. Ex.: **the Smiths came by train, so did the Joneses**: *les Smith sont venus en train, les Jones aussi.*

3. **to expect**: *attendre*; **to be expecting = to be pregnant**, *être enceinte, attendre un enfant.*

4. Lucrezia reprend à son compte la formule d'Alberto.

ALBERTO *(enfonçant son chapeau sur sa tête et frappant le sol de sa canne)*. — Réussir ou mourir, Lucrezia. *(Il sort d'un pas sonore et martial.)*

LUCREZIA *(interpellant le garçon qui traverse la scène avec une cafetière et des tasses sur un plateau)*. — Giuseppe, avez-vous vu la Signorina Toomis ?

LE GARÇON. — La Signorina est en bas dans le jardin... ainsi que le Signore Dolphin. Près de la fontaine, Signorina. Le café est pour le Signore.

LUCREZIA. — Vous avez une mère, Giuseppe ?

LE GARÇON. — Hélas ! Signorina.

LUCREZIA. — Hélas ? Serait-ce qu'elle vous maltraite ?

LE GARÇON. — Elle me traite comme un chien, Signorina.

LUCREZIA. — Ah ! j'aimerais rencontrer votre mère. J'aimerais lui demander quelques petits conseils sur la façon d'élever les enfants.

LE GARÇON. — Mais ne me dites pas, Signorina, que vous attendez... que vous — euh !...

LUCREZIA. — Ce n'est qu'au figuré, Giuseppe. Mes enfants sont des enfants spirituels.

LE GARÇON. — Justement, justement ! Ma mère, hélas ! n'a pas avec moi de rapports spirituels. Ma fiancée non plus.

LUCREZIA. — J'ignorais que vous étiez fiancé.

---

5. **a relation** : Huxley joue sur les deux sens du mot, **a relative** : *un(e) parent(e)* et **a relationship** : *une relation, un rapport.* L'opposition implicite entre **spiritual relation** et **sexual relations** permet à Giuseppe de suggérer la nature du rapport (ou des rapports) qu'il entretient avec sa fiancée.

6. **nor/neither is my fiancée** : en français, *ma fiancée non plus.* Forme négative de **so is my fiancée.**

WAITER. To an angel of perdition. Believe me, Signorina, I go to my destruction in that woman—go with open eyes. There is no escape. She is what is called in the Holy Bible *(crosses himself)* a Fisher of Men[1].

LUCREZIA. You have remarkable connections, Giuseppe.

WAITER. I am honoured by your words, Signorina. But the coffee becomes cold. *(He hurries out to the left.)*

LUCREZIA. In the garden! By the fountain! And there's the nightingale beginning to sing in earnest! Good heavens! what may not already have happened? *(She runs out after the waiter.)*

(Two persons emerge from the hotel, the VICOMTE PAUL DE BARBAZANGE[2] *and the* BARONESS KOCH DE WORMS[3]. PAUL DE BARBAZANGE *is a young man—twenty-six perhaps—of exquisite grace. Five foot ten, well built, dark hair, sleek as marble, the most refined aristocratic features, and a monocle.* SIMONE DE WORMS *is forty, a ripe Semitic beauty. Five years more and the bursting point of overripeness will have been reached. But now, thanks to massage, powerful corsets, skin foods, and powder, she is still a beauty—a beauty of the type Italians admire, cushioned, steatopygous*[4]. PAUL, *who has a faultless taste in bric-à-brac and women, and is by instinct and upbringing an ardent anti-Semite, finds her infinitely repulsive.*

---

1. Allusion biblique aux apôtres de Jésus (Matthieu, IV, 18-19). L'humour vient de l'impropriété sacrilège et du transfert métaphorique de l'esprit à la chair.

2. **Barbazange** : adultération de Barbazan, nom rendu illustre par le baron Arnaud-Guilhem de Barbazan (v. 1360-1431) qui eut la gloire, avant Bayard, d'être surnommé « le chevalier sans reproche ». La terminaison en **-ange** adoptée par Huxley est loin d'être gratuite.

3. **Koch** : nom du célèbre biologiste allemand qui découvrit le bacille de la tuberculose, dit bacille de Koch, en 1882. **Worms** évoque au

LE GARÇON. — À un ange de perdition. Croyez-moi, Signorina, je cours à ma perte en allant à cette femme — j'y cours les yeux ouverts. Il n'y a pas d'issue. Elle est de ces gens que l'Évangile *(il se signe)* appelle les Pêcheurs d'Hommes.

LUCREZIA. — Vous avez des relations qui sortent de l'ordinaire, Giuseppe.

LE GARÇON. — Vos paroles m'honorent, Signorina. Mais le café refroidit. *(Il sort précipitamment par la gauche.)*

LUCREZIA. — Dans le jardin ! Près de la fontaine ! Et voilà que le rossignol commence à chanter pour de vrai ! Grand Dieu ! quand je pense à tout ce qui a pu déjà se passer ! *(Elle sort en courant sur les pas du garçon.)*

(Deux personnages sortent de l'hôtel, le VICOMTE PAUL DE BARBAZANGE *et la* BARONNE KOCH DE WORMS. PAUL DE BARBAZANGE *est un jeune homme de vingt-six ans peut-être, qui a une grâce exquise. Un mètre quatre-vingts, bien bâti, le cheveu noir lisse comme le marbre, des traits aristocratiques tout ce qu'il y a de plus distingué, et un monocle.* SIMONE DE WORMS *est une femme de quarante ans, une beauté sémite dans tout l'éclat de la maturité. D'ici cinq ans, elle aura atteint le stade critique du fruit trop mûr. Mais pour l'heure, grâce aux massages, aux corsets bien baleinés, aux crèmes nourrissantes, à la poudre de riz, c'est encore une beauté — le type de beauté capitonnée, stéatopyge qui plaît aux Italiens.* PAUL, *qui a un goût très sûr en matière de bibelots et de femmes et qui doit à sa nature et à son éducation d'être un ardent antisémite, la trouve infiniment répugnante.*

---

premier chef la célèbre Banque Worms ; le nom est à prendre également au sens anglais du mot (**a worm** : *un ver*), d'où la jonction ironique du bacille et du ver.

4. **steatopygous** : *stéatopyge* est un mot savant qui ennoblit **cushioned**, *rembourré, matelassé*. La Vénus hottentote, aux belles fesses, est dite stéatopyge.

The Baronne enters with a loud shrill giggle[1]. *She gives* PAUL *a slap with her green feather fan.)*

SIMONE. Oh, you naughty boy! Quelle histoire[2]! Mon Dieu! How dare you tell me such a story!

PAUL. For you, Baronne, I would risk anything—even your displeasure.

SIMONE. Charming boy! But stories of that kind... And you look so innocent, too! Do you know many more like it?

PAUL *(suddenly grave).* Not of that description. But I will tell you a story of another kind, a true story, a tragic story.

SIMONE. Did I ever tell you how I saw a woman run over by a train? Cut to pieces, literally, to pieces. So disagreeable. I'll tell you later. But now, what about your story?

PAUL. Oh, it's nothing, nothing.

SIMONE. But you promised to tell it me.

PAUL. It's only a commonplace anecdote. A young man, poor but noble, with a name and a position to keep up[3]. A few youthful follies, a mountain of debts, and no way out except the revolver[4]. This is all dull and obvious enough. But now follows the interesting part of the story. He is about to take that way out, when he meets the woman of his dreams, the goddess, the angel, the ideal[5].

---

1. **a giggle**: *un petit rire gloussant.* Ex.: **to have/get the giggles**: *avoir/attraper le fou rire*; **he did it for a giggle**: *il a fait ça pour rigoler.*

2. Le français, selon Huxley, se prête aux propos licencieux: "I regret to say that I rarely write in French — and then only when I want to be un peu scabreux: it certainly is the best language for indecency ever invented: they have carried the technical vocabulary to a greater perfection than anyone else and they can combine grossness with grace in a way no other nation can" (*Letters*, juin 1917).

La baronne entre en poussant des petits rires stridents qui fusent haut et fort. Elle donne à PAUL *une tape de son éventail de plumes vertes.)*

SIMONE. — Oh ! le petit coquin ! Quelle histoire ! Mon Dieu ! Comment avez-vous osé me raconter une pareille histoire ?

PAUL. — Pour vous, baronne, je risquerais tout, y compris de vous déplaire.

SIMONE. — L'adorable garçon ! Mais ce genre d'histoires... Et dire que vous paraissez si innocent ! En connaissez-vous beaucoup d'autres du même style ?

PAUL *(soudain grave).* — Pas de la même veine. Mais je m'en vais vous raconter une histoire d'un autre genre, une histoire vraie, une histoire tragique.

SIMONE. — Vous ai-je jamais raconté que j'ai vu une femme écrasée par un train ? Déchiquetée, littéralement déchiquetée. Désagréable au plus haut point ! Je vous raconterai plus tard. Mais revenons à votre histoire.

PAUL. — Oh ! c'est peu de chose, peu de chose !

SIMONE. — Mais vous avez promis de me la raconter.

PAUL. — Ce n'est qu'une banale anecdote. Un jeune homme pauvre, quoique bien né, avec un nom et un rang auxquels il se doit. Quelques erreurs de jeunesse, une montagne de dettes et pour seule issue, le revolver. Rien d'original à cela, la chose est classique. Mais j'en viens à la partie intéressante de cette histoire. Il est sur le point de recourir à cette extrémité quand il rencontre la femme de ses rêves, sa déesse, son ange, son idéal.

---

3. **to keep up :** *maintenir, préserver.* Ex. : **to keep up a tradition :** *perpétuer une tradition* ; **to keep up appearances :** *sauver les apparences.*

4. Variation sur le thème du chantage au suicide.

5. La triade hyperbolique de Paul est à rapprocher de celle d'Alberto, **my inspirer, my Muse, my Egeria.**

He loves, and he must die without a word. *(He turns his face away from the Baronne, as though his emotion were*[1] *too much for him, which indeed it is*[2]*.)*

SIMONE. Vicomte—Paul—this young man is you?

PAUL *(solemnly)*. He is.

SIMONE. And the woman?

PAUL. Oh, I can't, I mayn't[3] tell you.

SIMONE. The woman! Tell me, Paul.

PAUL *(turning towards her and falling on his knees.)* The woman, Simone, is you. Ah, but I had no right to say it.

SIMONE *(quivering with emotion)*. My Paul! *(She clasps his head to her bosom. A grimace of disgust contorts Paul's classical features. He endures Simone's caresses with a stoical patience.)* But what is this about a revolver? That is only a joke, Paul, isn't it? Say it isn't true.

PAUL. Alas, Simone, too true. *(He taps his coat pocket.)* There it lies. To-morrow I have a hundred and seventy thousand francs to pay, or be dishonoured. I cannot pay the sum. A Barbazange does not survive dishonour. My ancestors were Crusaders, preux chevaliers[4] to a man[5]. Their code is mine. Dishonour for me is worse than death.

SIMONE. Mon Dieu, Paul, how noble you are!

---

1. **as though his emotion were**: emploi du prétérit modal, correspondant à l'irréel du présent, après les locutions comparatives **as though, as if**, *comme si,* qui introduisent une supposition fondée sur les apparences. Ex. : **he behaves as if he were the boss** : *il se conduit comme s'il était le patron.*

2. **which indeed it is** : commentaire ironique de l'auteur. Paul joue si bien la comédie qu'il se prend à son propre jeu au point d'être ému par lui-même.

3. **I can't, I mayn't** : on notera la progression de l'impossibilité physique à l'impossibilité morale.

Il aime et pourtant doit mourir sans un mot. *(Il détourne son visage de la baronne, comme s'il ne pouvait maîtriser son émotion — ce qui est un fait.)*

SIMONE. — Vicomte — Paul — ce jeune homme, c'est vous ?

PAUL *(solennellement)*. — C'est moi.

SIMONE. — Et la femme ?

PAUL. — Oh ! je ne saurais, je n'oserais vous dire.

SIMONE. — Cette femme ! Dites-moi, Paul !

PAUL *(se tournant vers elle et tombant à genoux)*. — Cette femme, Simone, c'est vous. Ah ! mais je n'avais pas le droit de vous le dire.

SIMONE *(palpitante d'émotion)*. — Mon Paul ! *(Elle serre la tête de Paul contre son sein. Une grimace de dégoût torture les traits classiquement purs de Paul. Il endure les caresses de Simone avec une patience stoïque.)* Mais qu'est-ce que c'est que cette histoire de revolver ? Ce n'est qu'une plaisanterie, n'est-ce pas, Paul ? Dites-moi que ce n'est pas vrai.

PAUL. — Hélas ! Simone, ce n'est que trop vrai. *(Il tapote la poche de son habit.)* Je l'ai là. Demain il me faut payer cent soixante-dix mille francs ou être déshonoré. Je ne suis pas en mesure de payer cette somme. Un Barbazange ne survit pas au déshonneur. Mes ancêtres étaient des croisés, des preux chevaliers du premier au dernier. Leur code est le mien. Le déshonneur, à mes yeux, est pire que la mort.

SIMONE. — Mon Dieu, Paul ! Que vous êtes noble !

---

4. Le français, langage de la galanterie, est aussi celui de la chevalerie.

5. **to a man** : expression idiomatique qui signifie **to the last man**. Ex. : **they fought to a man** : *ils se sont battus jusqu'au dernier*.

(She lays her hands on his shoulder, leans back, and surveys him at arm's length[1]*, a look of pride and anxious happiness on her face.)*

PAUL *(dropping his eyes modestly).* Not at all. I was born noble, and noblesse oblige[2], as we say in our family. Farewell, Simone, I love you—and I must die. My last thought will be of you. *(He kisses her hand, rises to his feet, and makes as though to go.)*

SIMONE *(clutching him by the arm).* No, Paul, no. You must not, shall not[3], do anything rash[4]. A hundred and seventy thousand francs, did you say? It is paltry. Is there no one who could lend or give you the money?

PAUL. Not a soul. Farewell, Simone.

SIMONE. Stay, Paul. I hardly dare to ask it of you—you with such lofty ideas of honour—but would you... from me[5]?

PAUL. Take money from a woman? Ah, Simone, tempt me no more. I might do an ignoble act.

SIMONE. But from me, Paul, from me. I am not in your eyes a woman like any other woman, am I?

PAUL. It is true that my ancestors, the Crusaders, the preux chevaliers, might in all honour receive gifts from the ladies of their choice—chargers[6], swords, armour, or tenderer mementoes, such as gloves or garters[7]. But money—no; who ever heard of their taking money?

---

1. **at arm's length**: emploi idiomatique du génitif pour exprimer la distance. Ex. : **within arm's reach** : *à portée de la main* ; **within a stone's throw** : *à un jet de pierre.*

2. Expression introduite dans la langue anglaise au XIXe siècle.

3. **you must not, shall not** : on notera le crescendo dans la formulation de l'interdiction qui devient catégorique avec l'emploi du futur emphatique.

4. **rash** (adjectif) : synonyme de **reckless**, signifie *téméraire, insensé, irréfléchi* ; **a rash act** est un euphémisme pour *suicide.* Première variation sur le thème de l'appel à la raison.

5. Le comique de situation vient du renversement des rôles : le prêteur est paradoxalement dans la position du quémandeur.

(Elle lui pose les deux mains sur l'épaule, se rejette en arrière et le contemple à bout de bras, une expression de fierté et de bonheur inquiet sur le visage.)

PAUL *(baissant modestement les yeux)*. — Pas le moins du monde. Je suis noble de naissance, et noblesse oblige, dit-on dans notre famille. Adieu, Simone ! Je vous aime mais dois mourir. Ma dernière pensée sera pour vous. *(Il lui baise la main, se relève et fait mine de partir.)*

SIMONE *(lui agrippant le bras)*. — Non, Paul, non ! Vous n'avez pas le droit, je vous défends d'agir sur un coup de tête. Cent soixante-dix mille francs, avez-vous dit ? Bagatelle ! N'y a-t-il donc personne qui puisse vous prêter ou vous donner cet argent ?

PAUL. — Personne. Adieu, Simone !

SIMONE. — Arrêtez, Paul ! J'ose à peine vous le demander, vous qui avez une si haute idée de l'honneur, mais accepteriez-vous... de moi ?

PAUL. — Accepter l'argent d'une femme ? Ah ! Simone, ne me tentez plus. Je risquerais de commettre une indignité.

SIMONE. — Mais venant de moi, Paul ! Je ne suis pas, à vos yeux, une femme comme les autres, n'est-ce pas ?

PAUL. — Certes, mes ancêtres, les croisés, les preux chevaliers, pouvaient en tout bien tout honneur accepter des présents de la dame de leur cœur — des destriers, des épées, des armures, ou de plus tendres gages, tels que des gants ou des jarretières. Mais de l'argent, jamais. Qui a jamais ouï dire qu'ils aient accepté de l'argent ?

---

6. **a charger :** *un destrier, un cheval de bataille,* du verbe **to charge**, *charger, attaquer.*

7. **a garter :** *une jarretière.* Cf. **the Order of the Garter**, *l'Ordre de la Jarretière*, créé en 1348, dont la devise est « Honni soit qui mal y pense ! » Les gages énumérés par Paul sont dans la tradition de l'amour courtois.

SIMONE. But what would be the use[1] of my giving you swords and horses? You could never use them. Consider, my knight, my noble Sir Paul, in these days[2] the contests of chivalry have assumed a different form; the weapons and the armour have changed. Your sword must be of gold and paper[3]; your breastplate of hard cash[4]; your charger of gilt-edged securities[5]. I offer you the shining panoply of the modern crusader. Will you accept it?

PAUL. You are eloquent, Simone. You could win over the devil himself with that angelic voice of yours[6]. But it cannot be. Money is always money. The code is clear. I cannot accept your offer. Here is the way out. *(He takes an automatic pistol out of his pocket.)* Thank you, Simone, and good-bye. How wonderful is the love of a pure woman[7].

SIMONE. Paul, Paul, give that to me! *(She snatches the pistol from his hand.)* If anything were to happen to you, Paul, I should kill myself with this. You must live, you must consent to accept[8] the money. You mustn't let your honour make a martyr of you.

PAUL *(brushing a tear from his eyes)*. No, I can't... Give me that pistol, I beg you.

SIMONE. For my sake, Paul.

PAUL. Oh, you make it impossible for me to act as the voices of dead ancestors tell me I should...

---

1. **the use**: reprise du thème de l'utilitarisme. Le matérialisme des milieux bancaires est à rapprocher du matérialisme américain.

2. **in these days**: *de nos jours*, par opposition à **in those days**, *en ce temps-là.*

3. **paper**: au sens de **paper money** ou **paper currency**, *papier-monnaie, papiers-valeur.*

4. **hard cash**: *du liquide, des espèces.* Ex.: **to pay cash**: *payer comptant.*

5. **gilt-edged securities**: dans le langage boursier, *les valeurs de tout repos*, de **gilt-edged**, *doré sur tranche*, et de **securities**, *les titres.* Tout l'humour du passage repose sur le jeu des contre-valeurs, la valeur du preux chevalier valant son pesant d'or.

SIMONE. — Mais à quoi servirait-il que je vous offre des épées et des coursiers ? Vous n'en auriez jamais l'usage. Réfléchissez, mon chevalier, noble messire Paul, de nos jours, les joutes chevaleresques ont pris une autre forme ; les armes et les armures ont changé. Votre épée doit être d'or et de papier-monnaie ; le plastron de votre cuirasse fait de pièces sonnantes et trébuchantes, votre cheval de bataille de valeurs en portefeuille. Je vous offre la rutilante panoplie du croisé des temps modernes. Daignerez-vous l'accepter ?

PAUL. — Vous êtes éloquente, Simone. Vous pourriez séduire le diable en personne de votre voix d'ange. Mais cela ne saurait être. L'argent est toujours de l'argent. Le code est formel. Je ne puis accepter votre offre. Voici ma seule issue. *(Il sort de sa poche un pistolet automatique.)* Merci, Simone, et adieu ! Quelle merveille que l'amour d'une femme pure !

SIMONE. — Paul, Paul, donnez-moi ça ! *(Elle lui arrache le pistolet des mains.)* S'il vous arrivait quoi que ce soit, Paul, je me tuerais avec ça. Vous vous devez de vivre, de consentir à accepter cet argent. Vous ne devez pas laisser votre honneur faire de vous un martyr.

PAUL *(essuyant une larme)*. — Non, je ne puis... Je vous en prie, rendez-moi ce pistolet.

SIMONE. — Pour l'amour de moi, Paul !

PAUL. — Oh ! vous me mettez dans l'impossibilité d'agir ainsi que me l'ordonne la voix de mes aïeux...

---

6. L'humour vient du renversement du rapport entre l'ange et le diable, l'archidémon **(the arch-seducer)** n'est plus celui qu'on croit.

7. L'exaltation de Paul fait écho à l'extase d'Alberto, **ah, the suavity, the beauty of this maternal instinct!**

8. **you must consent to accept** : la redondance est cocasse et sert à renforcer l'absurdité de la situation.

For your sake, then, Simone, I consent to live. For your sake I dare to accept the gift you offer.

SIMONE *(kissing his hand in an outburst of gratitude*[1]*).* Thank you, thank you, Paul. How happy I am!

PAUL. I, too, light of my life.

SIMONE. My month's allowance[2] arrived to-day. I have the cheque here. *(She takes it out of her corsage.)* Two hundred thousand francs. It's signed already. You can get it cashed as soon as the banks open to-morrow.

PAUL *(moved by an outburst of genuine emotion kisses indiscriminately*[3] *the cheque, the Baronne, his own hands.)* My angel, you have saved me. How can I thank you[4]? How can I love you enough? Ah, mon petit bouton de rose[5].

SIMONE. Oh, naughty, naughty! Not now, my Paul; you must wait till some other time.

PAUL. I burn with impatience.

SIMONE. Quelle fougue! Listen, then. In an hour's time, Paul chéri, in my boudoir; I shall be alone.

PAUL. An hour? It is an eternity.

SIMONE *(playfully).* An hour. I won't relent. Till then, my Paul. *(She blows a kiss and runs out: the scenery trembles at her passage.)*

*(*PAUL *looks at the cheque, then pulls out a large silk handkerchief and wipes his neck inside his collar.)*

---

1. Simone est l'exemple de la gratitude abusée jusqu'à l'absurdité.

2. **my month's allowance** : emploi idiomatique du génitif pour exprimer la durée. Ex. : **at a week's notice** : *avec un préavis d'une semaine*. Cf. plus bas, **in an hour's time.**

3. **indiscriminately** : littéralement, *sans discrimination, sans faire de distinction*, autrement dit, *à l'aveuglette*. Les transports sont toujours aveugles.

4. Formule qui, dans le jeu des correspondances, fait écho à celle d'Alberto, **how can I thank you enough** (reprise sous la forme **how can I be sufficiently grateful**).

Mais soit ! pour l'amour de vous, Simone, je consens à vivre. Pour l'amour de vous, j'ose accepter le don que vous me faites.

SIMONE *(lui baisant la main dans un élan de gratitude).* — Merci, merci, Paul ! Que je suis heureuse !

PAUL. — Et moi donc, lumière de mes jours !

SIMONE. — Ma rente du mois est arrivée aujourd'hui. J'ai le chèque ici. *(Elle le sort de son corsage.)* Deux cent mille francs. Il est déjà signé. Vous pouvez le toucher demain dès l'ouverture des banques.

PAUL *(mû par une émotion sincère embrasse dans un seul et même élan le chèque, la baronne et ses propres mains).* — Mon ange, vous m'avez sauvé la vie. Comment pourrai-je vous remercier ? Comment pourrai-je assez vous aimer ? Ah ! mon petit bouton de rose !

SIMONE. — Oh ! petit coquin, petit coquin ! Pas maintenant, mon Paul. Il faut attendre un autre moment.

PAUL. — Je brûle d'impatience.

SIMONE.— Quelle fougue ! Alors, écoutez-moi. Dans une heure, Paul chéri, dans mon boudoir ; j'y serai seule.

PAUL. — Une heure ? C'est une éternité.

SIMONE *(faisant la coquette).* — Une heure. Je ne céderai pas. À tout à l'heure, mon Paul. *(Elle lui envoie un baiser et sort en courant ; le décor tremble à son passage.)*

*(*PAUL *regarde le chèque, puis tirant un grand mouchoir de soie s'éponge le cou à l'intérieur du col.)*

---

5. Badinage en français, comme il se doit : le compliment recouvre une allusion sexuelle qui n'échappe pas à Simone. *Stricto sensu*, l'appellation est comique, Simone étant une rose épanouie, pour ne pas dire avancée.

*(*DOLPHIN *drifts in from the left. He is smoking a cigarette, but he does not seem to be enjoying it.)*

PAUL. Alone?

DOLPHIN. Alas!

PAUL. Brooding on the universe as usual? I envy you your philosophic detachment. Personally, I find that the world is very much too much with us[1]; and the devil too; *(he looks at the cheque in his hand)* and above all the flesh. My god, the flesh... *(He wipes his neck again.)*

DOLPHIN. My philosophic detachment? But it's only a mask to hide the ineffectual longings I have to achieve contact with the world.

PAUL. But surely nothing is easier. One just makes a movement and impinges on one's fellow-beings.

DOLPHIN. Not with a temperament like mine. Imagine a shyness more powerful than curiosity or desire, a paralysis of all the faculties. You are a man of the world. You were born with a forehead of brass to affront every social emergency. Ah, if you knew what a torture it is to find yourself in the presence of someone—a woman, perhaps—someone in whom you take an interest that is not merely philosophic; to find oneself in the presence of such a person and to be incapable, yes, physically incapable, of saying a word to express your interest in her or your desire to possess her intimacy. Ah, I notice I have slipped into the feminine. Inevitably, for of course the person is always a she[2].

---

1. **the world is too much with us**: citation de Wordsworth, premier vers d'un de ses poèmes composé en 1802-1804 et publié en 1807. La redondance **very much too much** crée un effet comique qui détruit le romantisme de l'allusion littéraire.

2. La confidence de Dolphin est une confession autobiographique qui retranscrit en prose le poème "The Life Theoretic" publié en 1918 dans *The Defeat of Youth*:

While I have been fumbling over books
And thinking about God and the Devil and all,
Other young men have been battling with the days,

*(*DOLPHIN *entre par la gauche à pas lents. Il fume une cigarette, apparemment sans y prendre plaisir.)*

PAUL. — Seul ?

DOLPHIN. — Hélas !

PAUL. — Toujours aussi perdu dans vos méditations sur l'univers ? Je vous envie votre détachement philosophique. Pour ma part, je trouve que le monde est beaucoup, beaucoup trop présent, le diable aussi ; *(il regarde le chèque qu'il tient à la main)* et la chair encore plus. Mon Dieu ! la chair... *(Il s'éponge à nouveau le cou.)*

DOLPHIN. — Mon détachement philosophique ? Mais ce n'est qu'un masque qui recouvre un désir impuissant d'établir un contact avec le monde.

PAUL. — Mais rien n'est plus facile, que je sache ! Il suffit de faire un pas pour buter contre ses semblables.

DOLPHIN. — Pas avec un tempérament comme le mien. Imaginez une timidité plus forte que le désir ou la curiosité, une paralysie de toutes les facultés. Vous, vous êtes un homme du monde. Vous êtes né avec un front d'airain pour faire face à tous les aléas de la vie en société. Ah ! si vous saviez la torture de se trouver en la présence de quelqu'un — une femme, mettons — de quelqu'un à qui on porte un intérêt qui n'est pas strictement philosophique ; de se trouver en la présence de ce quelqu'un et d'être incapable, oui, physiquement incapable, de proférer un seul mot pour lui dire l'intérêt qu'on lui porte ou le désir qu'on a de la connaître en toute intimité. Ah ! je m'aperçois que je suis passé au féminin. C'était fatal — car, bien sûr, ce quelqu'un est toujours une femme.

And others have been kissing the beautiful women.
They have brazen faces like battering-rams.
But I who think about books and such —
I crumble to impotent dust before the struggling,
And the women palsy me with fear. (...)

On retrouve la même opposition entre le moi du poète impuissant et l'homme du monde au front d'airain.

PAUL. Of course, of course. That goes without saying. But what's the trouble? Women are so simple to deal with.

DOLPHIN. I know. Perfectly simple if one's in the right state of mind. I have found that out myself; for moments come—alas, how rarely!—when I am filled with a spirit of confidence, possessed by some angel or devil of power[1]. Ah, then I feel myself to be superb. I carry all before me[2]. In those brief moments the whole secret of the world is revealed to me. I perceive that the supreme quality in the human soul is effrontery. Genius in the man of action is simply the apotheosis of charlatanism[3]. Alexander the Great, Napoleon, Mr. Gladstone, Lloyd George[4]—what are they? Just ordinary human beings projected through the magic lantern of a prodigious effrontery and so magnified to a thousand times larger than life. Look at me. I am far more intelligent than any of these fabulous figures; my sensibility is more refined than theirs; I am morally superior to any of them. And yet, by my lack of charlatanism, I am made less than nothing. My qualities are projected through the wrong end of a telescope and the world perceives me far smaller than I really am. But the world—who cares about the world? The only people who matter are the women.

PAUL. Very true, my dear Dolphin. The women... *(He looks at the cheque and mops himself once more with his mauve silk handkerchief.)*

---

1. Huxley joue de l'antinomie de l'ange et du démon. Comme la plupart des personnages masculins, Dolphin a son bon, ou son mauvais ange. Giuseppe est possédé par un ange de perdition, Paul est tenté par un ange de séduction, et Dolphin habité par un ange ou démon de puissance. Par-delà l'humour, est posé le problème philosophique de l'impossible démarcation entre le bien et le mal.

2. **to carry all** (ou **everything) before one :** expression idiomatique qui signifie *triompher de tout*, du verbe **to carry**, au sens de *gagner, remporter.* Ex. : **to carry the day :** *gagner la partie, remporter la victoire.*

PAUL. — Bien sûr, bien sûr. Cela va de soi. Mais où est le problème ? Le commerce avec les femmes est si facile.

DOLPHIN. — Je sais. Rien n'est plus facile à condition d'être dans l'état d'esprit qui convient. J'ai découvert ça par moi-même. Car il m'arrive — hélas ! si peu souvent ! — d'être empli d'une belle assurance, d'être possédé par un ange ou un démon de puissance. Ah ! dans ces moments-là, je me sens magnifique ! Je triomphe de tout. Dans ces instants fugitifs m'apparaît tout le secret du monde. Je perçois alors que la vertu suprême de l'âme humaine est l'effronterie. Le génie de l'homme d'action n'est que l'apothéose du charlatanisme. Alexandre le Grand, Napoléon, Mr. Gladstone, Lloyd George — que sont-ils donc ? De simples êtres humains que projette la lanterne magique d'une prodigieuse effronterie et qu'elle magnifie jusqu'à les rendre mille fois plus grands que nature. Regardez-moi. Je suis infiniment plus intelligent que n'importe lequel de ces personnages fabuleux ; ma sensibilité est plus raffinée que la leur ; moralement, je les dépasse tous. Et pourtant, mon manque de charlatanisme fait de moi un moins que rien. Mes qualités sont réfléchies par le mauvais bout du télescope de sorte que le monde me perçoit infiniment plus petit que je ne le suis en réalité. Mais le monde — qui se soucie du monde ? Les seuls êtres qui comptent sont les femmes.

PAUL. — Très juste, mon cher Dolphin. Les femmes... *(Il regarde le chèque et s'éponge une fois de plus avec son mouchoir de soie mauve.)*

---

3. Huxley joue les iconoclastes et s'en prend ici au culte du héros **(hero-worship)**. La démystification, ou démythification, est une constante de son œuvre jusqu'à *Brave New World.*

4. David Lloyd George (1863-1945), homme politique britannique, libéral de tendance radicale. Premier ministre de 1916 à 1922, il forma un cabinet de coalition pendant la Guerre.

DOLPHIN. To-night was one of my moments of triumph. I felt myself suddenly free of all my inhibitions.

PAUL. I hope you profited by the auspicious occasion.

DOLPHIN. I did. I was making headway[1]. I had—but I don't know why I should[2] bore you with my confidences. Curious that one should[3] be dumb before intimates and open one's mind to an all but[4] stranger. I must apologise.

PAUL. But I am all attention and sympathy, my dear Dolphin. And I take it a little hardly that you should regard me as a stranger. *(He lays a hand on Dolphin's shoulder.)*

DOLPHIN. Thank you, Barbazange, thank you. Well, if you consent to be the receptacle of my woes, I shall go on pouring them out... Miss Toomis... But tell me frankly what you think of her.

PAUL. Well...

DOLPHIN. A little too ingenuous, a little silly even, eh?

PAUL. Now you say so, she certainly isn't very intellectually stimulating.

DOLPHIN. Precisely. But... oh, those china-blue eyes[5], that ingenuousness, that pathetic and enchanting silliness! She touches lost chords in one's heart. I love the Chromatic Fantasia of Bach, I am transported by Beethoven's hundred-and-eleventh Sonata[6];

---

1. **to make headway** : au sens propre, *faire route* ; au figuré, *faire des progrès.* Ex. : **the enquiry is making no headway** : *l'enquête piétine.*

2. **should** : prétérit modal exprimant l'obligation morale ou le caractère souhaitable d'une action. Ex. : **I don't see why you should apologize** : *je ne vois pas pourquoi vous devriez vous excuser.*

3. **should** : prétérit modal utilisé dans les subordonnées conjonctives quand la principale exprime une opinion. Cf. plus bas, **I take it a little hardly that you should.**

4. **all but** : *quasi, quasiment.* Ex. : **it was an all but impossibility** : *c'était une quasi-impossibilité.* La tournure **it was all but impossible** est plus courante.

DOLPHIN. — Je vivais ce soir une de mes heures de gloire. Je me sentais subitement libéré de toutes mes inhibitions.

PAUL. — J'espère que vous avez profité de l'heureuse occasion.

DOLPHIN. — Pensez donc ! J'avançais à grands pas. J'avais — mais je ne vois pas pourquoi je vous infligerais mes confidences. Curieux comme on peut rester muet devant ses intimes et ouvrir son cœur à un étranger ou presque ! Je vous présente mes excuses.

PAUL. — Mais, mon cher Dolphin, je suis tout ouïe et de tout cœur avec vous. Et je me sens quelque peu froissé que vous me considériez comme un étranger. *(Il pose une main sur l'épaule de Dolphin.)*

DOLPHIN. — Merci, Barbazange, merci. Eh bien ! puisque vous consentez à être le réceptacle de mes maux, je m'en vais continuer à les déverser... Miss Toomis... Mais dites-moi franchement ce que vous pensez d'elle.

PAUL. — Eh bien !...

DOLPHIN. — Un peu trop ingénue, je dirai même un tantinet sosotte, hein ?

PAUL. — Maintenant que vous le dites, elle n'est assurément pas très stimulante sur le plan intellectuel.

DOLPHIN. — Précisément. Mais... oh ! ces yeux bleus de porcelaine, cette ingénuité, cette sottise émouvante et charmante ! Miss Toomis réveille une corde sensible oubliée dans nos cœurs. J'aime la *Fantaisie chromatique* de Bach, je suis transporté par la *Cent onzième Sonate* de Beethoven,

5. **china-blue eyes :** cette précision peut paraître en contradiction avec l'indication donnée, **the eyes are dark.** Vraisemblablement, ses yeux sont d'un bleu de faïence **(china-blue),** d'un bleu de porcelaine Ming.

6. La musique joue un rôle important dans l'œuvre de Huxley. C'est ainsi que *Point Counter Point* (1928) débute avec la Suite en si mineur de Bach et s'achève sur le Quatuor en la mineur de Beethoven.

but the fact doesn't prevent my being moved to tears by the last luscious waltz played by the hotel orchestra. In the best constructed brains there are always spongy surfaces that are sensitive to picture postcards and Little Nelly[1] and the End of a Perfect Day[2]. Miss Toomis has found out my Achilles's heel. She is boring, ridiculous, absurd to a degree[3], but oh! how moving, how adorable.

PAUL. You're done for, my poor Dolphin, sunk—spurlos[4].

DOLPHIN. And I was getting on so well, was revelling in my new-found confidence, and, knowing its transience, was exploiting it for all I was worth[5]. I had covered an enormous amount of ground and then, hey presto[6]! at a blow all my labour was undone. Actuated by what malice I don't know, la Lucrezia swoops down like a vulture, and without a by-your-leave or excuse of any kind carries off Miss Toomis from under my very eyes. What a woman! She terrifies me. I am always running away from her.

PAUL. Which means, I suppose, that she is always pursuing you.

DOLPHIN. She has ruined my evening and, it may be, all my chances of success. My precious hour of self-confidence will be wasted (though I hope you'll not take offence at the word)—wasted on you.

PAUL. It will return.

---

1. *Little Nelly:* du nom de Little Nell Trent, l'héroïne de *The Old Curiosity Shop*, une des figures les plus touchantes de l'œuvre de Dickens. Elle a inspiré de nombreuses chansons larmoyantes, dont celle de George Linley sur des paroles de Charlotte Young (1857), et d'autres, anonymes, faussement attribuées à Dickens, ainsi que des pièces, dont *Little Nell and the Marchioness* de John Brougham, créée en 1867 avec l'actrice américaine Lotta Crabtree dans le rôle de l'héroïne.

2. *The End of a Perfect Day:* chanson à succès composée en 1910 par la chanteuse américaine Carrie Jacobs Bond (1862-1946), qui devint une rengaine pendant la Première Guerre mondiale.

ce qui ne m'empêche pas d'être ému jusqu'aux larmes par la dernière valse langoureuse que joue l'orchestre de l'hôtel. Dans les têtes les mieux faites il y a toujours des tissus spongieux qui sont sensibles aux cartes postales, à *Little Nelly* et *The End of a Perfect Day*. Miss Toomis a trouvé mon talon d'Achille. Elle est ennuyeuse, ridicule et stupide comme il n'est pas permis, mais ô combien touchante, ô combien adorable !

PAUL. — Vous êtes fichu, mon pauvre Dolphin, coulé — *spurlos*.

DOLPHIN. — Et dire que je m'en sortais si bien — je savourais ma toute nouvelle assurance et, la sachant éphémère, j'en usais tant et plus. J'avais couvert un terrain colossal quand, subito presto ! d'un seul coup d'un seul, tous mes efforts furent réduits à néant ! Mue par je ne sais quel démon, la Lucrezia s'abat comme un vautour et, sans même demander la permission ou présenter quelque excuse, ravit Miss Toomis à ma barbe et sous mon nez. Quelle femme ! Elle me terrifie. Je la fuis continuellement.

PAUL. — Ce qui signifie, je suppose, qu'elle vous poursuit continuellement.

DOLPHIN. — Elle a ruiné ma soirée et peut-être bien toutes mes chances de réussite. Ma belle heure d'assurance sera gaspillée, soit dit sans vouloir vous offenser, en pure perte avec vous.

PAUL. — Elle reviendra, cette heure.

---

3. **to a degree** : expression idiomatique qui signifie **in the highest degree**, *au plus haut point, à l'extrême.* Ex. : **scrupulous to a degree** : *scrupuleux à l'excès.*

4. « Spurlos (versunken) » : littéralement, *coulé sans laisser de trace.* Germanisme introduit dans la langue anglaise pendant la Grande Guerre.

5. **for all one is worth** : expression idiomatique qui correspond au français *de toutes ses forces.*

6. **hey presto** : formule utilisée par les escamoteurs dans leurs tours de prestidigitation. En français, *passez muscade.*

DOLPHIN. But when—but when? Till it does I shall be impotent and in agony.

PAUL. I know the agony of waiting. I myself was engaged to a Rumanian princess in 1916. But owing to the sad collapse in the Rumanian rate of exchange[1] I have had to postpone our union indefinitely. It is painful, but, believe me, it can be borne. *(He looks at the cheque and then at his watch.)* There are other things which are much worse. Believe me, Dolphin, it can be borne.

DOLPHIN. I suppose it can. For, when all is said, there are damned few of us who really take things much to heart. Julie de Lespinasses[2] are happily not common. I am even subnormal. At twenty I believed myself passionate: one does at that age. But now, when I come to consider myself candidly[3], I find that I am really one of those who never deeply felt nor strongly willed. Everything is profoundly indifferent to me. I sometimes try to depress myself with the thought that the world is a cesspool, that men are pathetic degenerates from the ape[4] whose laboriously manufactured ideals are pure nonsense and find no rhyme in reality, that the whole of life is a bad joke which takes a long time coming to an end. But it really doesn't upset me. I don't care a curse[5]. It's deplorable; one ought[6] to care. The best people do care.

---

1. Conséquence de l'écrasement de la Roumanie par l'Allemagne (août-décembre 1916). Chez Paul, la cote d'amour fluctue avec le cours du change.

2. Julie de Lespinasse (1732-1776), amie des Encyclopédistes et connue pour son salon littéraire. Sa correspondance laisse apparaître une sensibilité ardente et frémissante.

3. **candidly** : au sens de **honestly**, d'où **to consider oneself candidly** : *se regarder en face.*

4. **degenerates from the ape** : la théorie de l'homme descendu du singe fut développée par Darwin dans *The Descent of Man*, 1871. Le thème de l'homme, singe dégénéré, est particulièrement cher à Huxley, puisqu'il se définit comme tel, "A poor degenerate from the ape", dans un de ses poèmes, "First Philosopher's Song" (*Leda*, 1920).

DOLPHIN. — Mais quand, mais quand? Jusqu'à ce qu'elle revienne, je serai impuissant, je serai au supplice.

PAUL. — Je connais le supplice de l'attente. Moi qui vous parle, j'ai été fiancé en 1916 à une princesse roumaine; mais vu le triste effondrement du taux de change en Roumanie, je me suis trouvé contraint de repousser indéfiniment notre union. C'est douloureux, mais, croyez-moi, c'est supportable. *(Il regarde le chèque, puis sa montre.)* Il y a des choses qui sont bien pires. Croyez-moi, Dolphin, c'est supportable.

DOLPHIN. — Je suppose que oui; car, tout compte fait, ils sont fichtrement rares ceux d'entre nous qui prennent vraiment les choses à cœur. Les Julie de Lespinasse ne sont pas, Dieu merci! le commun des mortels. Pour ma part, je suis même en-deçà de la norme. À vingt ans, je me croyais passionné — c'est normal à cet âge-là. Mais aujourd'hui, quand il m'arrive de me regarder sans tricher, je m'aperçois que je suis bel et bien de ces gens qui n'ont jamais ressenti profondément, ni désiré ardemment quoi que ce soit. Tout m'est parfaitement indifférent. J'essaie bien parfois de me déprimer à la pensée que le monde est un cloaque, que les humains ne sont que de pauvres dégénérés descendus du singe, que leurs idéaux laborieusement concoctés ne sont que des sornettes, ne riment à rien, et que la vie tout entière est une mauvaise plaisanterie qui n'en finit pas de finir. Mais, en réalité, cela ne m'affecte pas. Je m'en soucie comme de l'an quarante. C'est déplorable. La morale voudrait qu'on s'en soucie, ce que font les meilleurs d'entre nous.

---

5. **I don't care a curse**: expression familière, synonyme de **I don't care a damn**, *je m'en balance, je m'en contrefous.*

6. **ought to = should,** prétérit modal exprimant l'obligation morale. **One ought to care** s'oppose à la forme emphatique de la phrase suivante **the best people do care**, autrement dit, *ce qu'on devrait faire* s'oppose à *ce que font bel et bien les meilleurs.*

Still, I must say I should like to get possession of[1] Miss Toomis. Confound that Grattarol woman[2]. What did she want to rush in like that for?

PAUL. I expect we shall find out now. *(*PAUL *jerks his head towards the left.* LUCREZIA *and* AMY *are seen entering from the garden.* LUCREZIA *holds her companion's arm and marches with a firm step towards the two men.* AMY *suffers herself to be*[3] *dragged along.)*

LUCREZIA. Vicomte, Miss Toomis wants you to tell her all about Correggio[4].

AMY *(rather scared).* Oh, really — I...

LUCREZIA. And *(sternly)*—and Michelangelo. She is so much interested in art.

AMY. But please—don't trouble...

PAUL *(bowing gracefully).* I shall be delighted. And in return I hope Miss Toomis will tell me all about Longfellow[5].

AMY *(brightening).* Oh yes, don't you just love Evangeline[6]?

PAUL. I do; and with your help, Miss Toomis, I hope I shall learn to love her better.

LUCREZIA *(to* DOLPHIN, *who has been looking from* AMY *to the* VICOMTE *and back again at* AMY *with eyes that betray a certain disquietude).* You really must come and look at the moon rising over the hills, Mr. Dolphin. One sees it best from the lower terrace. Shall we go?

---

1. **to get possession of** : à rapprocher de **possess her intimacy.**

2. **confound that woman** : formule imprécatoire, *maudite soit cette femme, qu'elle aille au diable, que le diable l'emporte !* De même, **confound it** : *la barbe !*

3. **to suffer oneself to be= to allow oneself to be** ou **to let oneself be.** La forme passive (**be** + participe passé) se trouve renforcée par un verbe qui exprime également la passivité.

4. Antonio Allegri, dit le Corrège (v. 1489-1534), un des grands maîtres italiens de la haute Renaissance.

Cela dit, j'avoue que j'aimerais bien mettre la main sur Miss Toomis. Au diable la Grattarol ! Qu'est-ce qui lui a pris d'arriver comme un boulet de canon ?

PAUL. — Je pense que nous ne tarderons pas à le savoir. *(*PAUL *tourne brusquement la tête vers la gauche. Entrent* LUCREZIA *et* AMY *revenant du jardin.* LUCREZIA *tient sa compagne par le bras et se dirige d'un pas décidé vers les deux hommes.* AMY *se laisse tirer sans résister.)*

LUCREZIA. — Vicomte, Miss Toomis voudrait que vous lui disiez tout sur le Corrège.

AMY *(passablement apeurée).* — Oh ! à vrai dire — je...

LUCREZIA *(avec fermeté).* — Et tout sur Michel-Ange. Elle est tellement intéressée par l'art.

AMY. — Non, je vous en prie — ne vous donnez pas la peine...

PAUL *(s'inclinant avec grâce).* — Ce sera un plaisir. Et en retour j'espère que Miss Toomis me dira tout sur Longfellow.

AMY *(s'animant).* — Oh oui ! N'est-ce pas que vous aimez Evangeline ?

PAUL. — Beaucoup. Et j'ose espérer, Miss Toomis, que, guidé par vous, j'apprendrai à ne l'aimer que mieux.

LUCREZIA *(s'adressant à* DOLPHIN *qui vient de regarder* AMY, *puis le* VICOMTE, *puis de nouveau* AMY *avec des yeux qui trahissent une certaine inquiétude.* — Il faut absolument que vous veniez voir la lune se lever au-dessus des collines, Mr. Dolphin. C'est de la terrasse inférieure qu'on la voit le mieux. Vous venez ?

---

5. Henry Wadsworth Longfellow (1807-1882), poète américain qui, malgré son didactisme et son sentimentalisme, est un classique du XIXe siècle. Son œuvre représente la culture officielle aux États-Unis. Il n'y a pas lieu de s'étonner qu'il soit le poète favori de Miss Toomis.

6. Evangeline, l'héroïne éponyme du long poème de Longfellow (1847), qui chante la détresse des Acadiens en exaltant leurs vertus d'innocence et de simplicité.

DOLPHIN *(starts and shrinks).* But it's rather cold, isn't it? I mean—I think I ought to go and write a letter.

LUCREZIA. Oh, you can do that to-morrow.

DOLPHIN. But really...

LUCREZIA. You've no idea how lovely the moon looks.

DOLPHIN. But I must...

LUCREZIA *(lays her hand on his sleeve and tows*[1] *him after her, crying as she goes).* The moon, the moon... *(*PAUL *and* AMY *regard their exit in silence.)*

PAUL. He doesn't look as though he much wanted to go and see the moon.

AMY. Perhaps he guesses what's in store for him[2].

PAUL *(surprised).* What, you don't mean to say you realised all the time?

AMY. Realised what?

PAUL. About la belle Lucrezia.

AMY. I don't know what you mean. All I know is that she means to give Mr. Dolphin a good talking to[3]. He's so mercenary[4]. It made me quite indignant when she told me about him. Such a schemer[5], too! You know, in America we have very definite ideas about honour.

PAUL. Here too, Miss Toomis.

AMY. Not Mr. Dolphin. Oh dear, it made me so sad; more sad than angry. I can never be grateful enough to Signorina Grattarol[6].

1. **to tow:** littéralement, *remorquer* (un navire et, par extension, un véhicule) ; d'où figurément, **to be in tow :** *être à la remorque, à la traîne.* Ex. : **to be in tow of somebody :** *être à la remorque de quelqu'un.* Le registre nautique est approprié au personnage aquatique de Dolphin. À noter également le parallélisme de situation avec le début de la scène : Lucrezia est entrée en traînant une victime (Amy), elle sort en en traînant une autre (Dolphin).

2. **what is in store for him :** *ce que lui réserve l'avenir, ce qui l'attend, ce qui lui pend au nez.* Ex. : **I have a surprise in store for him :** *je lui ménage une surprise.*

3. **a talking-to :** *une semonce, une réprimande* ; d'où **to give somebody a good talking-to :** *passer un bon savon à quelqu'un.* Miss Toomis tient le langage d'une petite fille de catéchisme.

DOLPHIN *(avec un sursaut et un mouvement de recul).* — Mais il fait plutôt frais, vous ne trouvez pas ? C'est-à-dire que — je crois qu'il faudrait que j'aille écrire une lettre.

LUCREZIA. — Oh ! cela peut attendre demain.

DOLPHIN. — Mais sincèrement...

LUCREZIA. — Vous ne pouvez pas vous figurer ce que la lune est belle.

DOLPHIN. — Mais il faut...

LUCREZIA *(posant une main sur la manche de Dolphin et le traînant derrière elle, s'éloigne en clamant).* — La lune, la lune... *(*PAUL *et* AMY *assistent en silence à leur sortie.)*

PAUL. — Il ne me semble pas avoir grande envie d'aller voir la lune.

AMY. — Peut-être bien qu'il devine ce qui l'attend.

PAUL *(surpris).* — Quoi ! Vous n'allez pas me dire que vous le saviez depuis le début ?

AMY. — Que je savais quoi ?

PAUL. — Concernant la belle Lucrezia.

AMY. — Je ne comprends pas ce que vous voulez dire. Tout ce que je sais c'est qu'elle a l'intention de faire la leçon à Mr. Dolphin. Il est si mercantile. Ce qu'elle m'a dit sur lui m'a tout simplement scandalisée. Et un tel intrigant avec ça ! En Amérique, voyez-vous, nous avons des idées bien arrêtées sur l'honneur.

PAUL. — Nous aussi, Miss Toomis.

AMY. — Mais pas Mr. Dolphin. Oh ! mon Dieu ! j'en ai été toute triste, plus triste que fâchée. Je ne remercierai jamais assez la Signorina Grattarol.

---

4. **mercenary** (adjectif) : *intéressé, mercenaire*, autrement dit, inspiré par la seule considération du gain.

5. **a schemer** : *un intrigant*, de **a scheme**, *une machination, une combine.* Qualification qui fait écho à l'épithète **machiavellian** (p. 154) et qui est tout aussi inattendue.

6. Autre exemple de gratitude abusée.

PAUL. But I'm still at a loss[1] to know exactly what you're talking about.

AMY. And I am quite bewildered myself. Would you have believed it of him? I thought him such a nice man.

PAUL. But what he has done?

AMY. It's all for my money. Miss Grattarol told me. She knows. He was just asking me to marry him, and I believe I would have said Yes. But she came in just in the nick of time[2]. It seems he only wanted to marry me because I'm so rich. He doesn't care for me at all. Miss Grattarol knows what he's like[3]. It's awful, isn't it? Oh dear, I wouldn't have thought it of him.

PAUL. But you must forgive him, Miss Toomis. Money is a great temptation[4]. Perhaps if you gave him another chance...

AMY. Impossible.

PAUL. Poor Dolphin! He's such a nice young fellow.

AMY. I thought so too. But he's false.

PAUL. Don't be too hard on him. Money probably means too much to him. It's the fault of his upbringing. No one who has not lived among the traditions of our ancient aristocracy can be expected to have that contempt, almost that hatred of wealth, which is the sign of true nobility. If he had been brought up, as I was, in an old machicolated castle on the Loire, surrounded by ancestral ghosts,

---

1. **to be at a loss**: expression figée qui signifie *être désorienté*, d'où *être en peine de*. Ex. : **to be at a loss what to do, what to say**: *ne savoir que faire, que dire*; **to be at a loss for words**: *être à court de mots.*

2. **in the nick of time**: locution qui correspond au français *au bon moment, à point nommé.* Ex. : **you have come in the nick of time**: *vous tombez à pic.*

3. **like**: introduit toujours la notion de ressemblance et de comparaison. Emploi idiomatique avec les verbes **to be, to feel, to look, to sound,**

PAUL. — Mais je ne comprends toujours pas de quoi vous parlez.

AMY. — J'en suis moi-même toute retournée. L'auriez-vous cru de lui ? Et moi qui le trouvais si bien !

PAUL. — Mais qu'a-t-il fait ?

AMY. — Il n'en veut qu'à mon argent. Mlle Grattarol me l'a dit. Et elle, elle sait. Il était juste en train de me demander en mariage et je crois bien que j'aurais dit oui. Mais elle est arrivée juste à temps. Apparemment, il ne voulait m'épouser que parce que je suis si riche. Mais il n'éprouve rien pour moi. Mlle Grattarol sait bien qui il est. C'est affreux, n'est-ce pas ? Oh ! mon Dieu ! je n'aurais jamais cru cela de lui.

PAUL. — Mais il faut lui pardonner, Miss Toomis. L'argent est une grande tentation. Peut-être que si vous lui laissiez encore une chance...

AMY. — Impossible !

PAUL. — Pauvre Dolphin ! C'est un si gentil garçon.

AMY. — C'est ce que je pensais, moi aussi. Mais il est faux.

PAUL. — Ne soyez pas trop dure envers lui. Probablement qu'il accorde trop d'importance à l'argent. La faute en est à son éducation. On ne peut pas demander à quelqu'un qui n'a pas grandi dans la tradition de notre vieille aristocratie d'avoir ce mépris, voire cette haine de l'argent, qui est la marque de la vraie noblesse. S'il avait été élevé comme moi dans un vieux château à mâchicoulis surplombant la Loire, entouré par les ombres de ses aïeux,

---

to taste. Ex. : **what does he look like ?** *à quoi ressemble-t-il* ? **what's the weather like in Paris ?** *quel temps fait-il à Paris ?* **I know what it feels like :** *je sais l'effet que ça fait.*

4. L'humour vient de ce que pour une fois Paul dit la vérité en s'abritant derrière un tiers.

imbued with the spirit of the Crusaders and preux chevaliers who had inhabited the place in the past, if he had learnt to know what noblesse oblige[1] really means, believe me, Miss Toomis, he could never have done such a thing.

AMY. I should[2] just think he couldn't, Monsieur de Barbazange.

PAUL. You have no idea, Miss Toomis, how difficult it is for a man of truly noble feelings to get over the fact of your great wealth. When I heard that you were the possessor of a hundred million dollars...

AMY. Oh, I'm afraid it's more than that. It's two hundred million.

PAUL. ...of two hundred million dollars, then it only makes it worse; I was very melancholy, Miss Toomis. For those two hundred million dollars were a barrier, which a descendant of Crusaders and preux chevaliers could not overleap[3]. Honour, Miss Toomis, honour forbade. Ah, if only that accursed[4] money had not stood in the way[5]... When I first saw you—oh, how I was moved by that vision of beauty and innocence—I wanted nothing better than to stand gazing on you for ever. But then I heard about those millions. Dolphin was lucky to have felt no restraints. But enough, enough. *(He checks a rising tide of emotion[6].)* Give poor Dolphin another chance, Miss Toomis.

---

1. **noblesse oblige**: voir note 2, p. 176. Deuxième audition de la tirade de Paul: celui-ci rejoue avec Amy la comédie qu'il a jouée à Simone avec tant de brio.

2. **should**: élément pondérateur du discours.

3. **to overleap**: au sens propre, *sauter par-dessus, franchir d'un bond*; au figuré, *surmonter un obstacle*. Huxley joue sur les deux sens du verbe, comme il joue sur les deux sens du substantif **a barrier**, les millions de Miss Toomis devenant un exploit chevaleresque, une épreuve ordalique.

4. **accursed**: adjectif imprécatoire plus ancien, donc plus noble et plus recherché, que son doublet **cursed**. Comparer **that accursed fate**, *ce destin maudit*, et **that cursed woman**, *cette satanée bonne femme.*

imbu de l'esprit des croisés et des preux chevaliers qui jadis ont habité ces lieux, s'il lui avait été donné d'apprendre ce que signifie vraiment noblesse oblige, alors, croyez-moi, Miss Toomis, il n'aurait jamais pu faire une chose pareille.

AMY. — C'est bien ce que je me dis, monsieur de Barbazange.

PAUL. — Vous n'avez pas idée, Miss Toomis, de la difficulté que peut avoir un homme d'honneur à surmonter l'obstacle de votre immense fortune. Quand j'ai appris que vous possédiez cent millions de dollars...

AMY. — Oh ! bien davantage, je le crains. Deux cent millions !

PAUL. — ... deux cent millions de dollars — la difficulté n'en est que plus grande — je fus pris d'une immense tristesse, Miss Toomis, car ces deux cent millions de dollars étaient une barrière qu'un descendant des croisés, des preux chevaliers, ne pouvait franchir. L'honneur, Miss Toomis, l'honneur me l'interdisait. Ah ! s'il n'y avait pas eu ce maudit argent pour me barrer la route !... La première fois que je vous ai vue — oh ! que je fus ému par la vision de tant d'innocence et de beauté ! — je ne demandai rien de plus que le bonheur de rester à vous contempler jusqu'à la fin des temps. Mais c'est alors que j'ai appris l'existence de ces millions. Heureux Dolphin qui n'a pas éprouvé ces scrupules ! Mais suffit, suffit ! *(Il réprime une vague d'émotion.)* Donnez au pauvre Dolphin encore une chance, Miss Toomis.

---

5. **to stand** (ou **to be**) **in the way** : littéralement, *barrer le passage* ; d'où au figuré, comme en français, *barrer la route, gêner.* Ex. : **I would not like to stand in the way of your happiness** : *je ne voudrais pas faire obstacle à votre bonheur.*

6. Le même jeu produit toujours sur Paul les mêmes effets.

At bottom he is a good fellow, and he may learn in time to esteem you for your own sake and to forget the dazzling millions.

AMY. Never. I can only marry a man who is entirely disinterested.

PAUL. But, can't you see, no disinterested man could ever bring himself to ask you? How could he prove his disinterestedness? No one would believe the purity of his intentions.

AMY *(much moved)*. It is for me to judge. I know a disinterested man when I see him[1]. Even in America we can understand honour[2].

PAUL *(with a sob in his voice)*. Good-bye, Miss Toomis[3].

AMY. But no. I don't want it to be good-bye.

PAUL. It must be. Never shall it be said[4] of a Barbazange that he hunted a woman[5] for her money.

AMY. But what does it matter what the world says, if I say the opposite?

PAUL. You say the opposite? Thank you, thank you. But no, good-bye.

AMY. Stop. Oh! you're forcing me to do a most unwomanly[6] thing. You're making me ask you to marry me. You're the only disinterested man I've ever met or, to judge from what I've seen of the world, I'm ever likely to meet. Haven't you kept away from me in spite of your feelings?

---

1. Exemple d'ironie dramatique : la soi-disant perspicacité de Miss Toomis **(I know... when I see)** est, en l'occurrence, le pire des aveuglements.

2. À rapprocher de **in America we have very definite ideas about honour.** La susceptibilité chatouilleuse de Miss Toomis sur les questions d'honneur est symptomatique du sentiment d'infériorité de la jeune Amérique face à la vieille Europe et à son aristocratie.

3. Reprise de la stratégie de l'adieu : **good-bye, Miss Toomis** fait écho à **farewell, Simone.**

4. **never shall it be said :** double forme emphatique avec la position de l'adverbe **never** en tête de phrase et l'emploi du futur prophétique **shall.**

Au fond, c'est un brave garçon et peut-être qu'avec le temps il apprendra à vous apprécier pour ce que vous êtes et à oublier ces millions éblouissants.

AMY. — Jamais ! Je ne peux épouser qu'un homme totalement désintéressé.

PAUL. — Mais ne voyez-vous pas qu'aucun homme désintéressé n'oserait jamais demander votre main ? Comment pourrait-il prouver qu'il est désintéressé ? Personne ne croirait à la pureté de ses intentions.

AMY *(très émue)*. — C'est à moi de juger. Je reconnais un homme désintéressé quand je le vois. Même en Amérique, nous savons ce que c'est que l'honneur.

PAUL *(un sanglot dans la voix)*. — Adieu, Miss Toomis.

AMY. — Mais non ! Je ne veux pas d'un adieu.

PAUL. — Il le faut. Il ne sera jamais dit d'un Barbazange qu'il a entrepris une femme pour son argent.

AMY. — Mais qu'importe ce que dit le monde si moi je dis le contraire !

PAUL. — Vous dites le contraire ? Merci, merci ! Mais non, adieu !

AMY. — Arrêtez ! Ah ! vous m'obligez à faire une chose qu'une femme ne fait jamais. Vous me forcez à vous demander de m'épouser. Vous êtes le seul homme désintéressé que j'aie jamais rencontré, ou si j'en crois mon expérience de la vie, le seul qu'il me sera jamais donné de rencontrer. Ne m'avez-vous pas fuie malgré vos sentiments ?

---

5. **to hunt a woman** : littéralement, *courir après une femme* ; d'où **a woman-hunter** : *un coureur de jupons.*

6. **unwomanly** (adjectif) : *indigne d'une femme, malséant, contraire à l'usage et à la décence.* Le renversement des rôles auquel Miss Toomis est habilement acculée est à rapprocher du renversement déjà noté entre suppliant et supplié.

Haven't you even tried to make me listen to another man—a man not worthy to black your boots[1]? Oh, it's so wonderful[2], so noble! It's like something in a picture play[3]. Paul, I offer myself to you. Will you take me in spite of my millions[4]?

PAUL *(falling on his knees and kissing the hem of* AMY'S *skirt).* My angel[5], you're right; what does it matter what the world says as long as you believe in me? Amy, amie, bien-aimée... Ah, it's too good! too, too good to be true! *(He rises to his feet and embraces her with an unfeigned enthusiasm[6].)*

AMY. Paul, Paul... And so this is love. Isn't it wonderful?...

PAUL *(looking round anxiously).* You mustn't tell anyone about our engagement, my Amy. They might say unpleasant things in the hotel, you know.

AMY. Of course I won't talk about it. We'll keep our happiness to ourselves, won't we?

PAUL. Entirely to ourselves; and to-morrow we'll go to Paris and arrange about being married[7].

AMY. Yes, yes; we'll take the eight o'clock train.

PAUL. Not the eight o'clock, my darling. I have to go to the bank to-morrow to do a little business. We must wait till the twelve-thirty.

AMY. Very well, then. The twelve-thirty. Oh, how happy I am[8]!

---

1. **not worthy/fit to black your boots**: expression utilisée figurément pour exprimer le plus profond mépris, de **to black boots**: *passer les bottes au cirage noir.* Cf. **a shoeblack**, *un cireur de chaussures.*

2. **wonderful**: adjectif dont Miss Toomis use et abuse et qu'elle répète ici deux fois.

3. **a picture play**: expression obsolète remplacée de nos jours par **a film**. Hollywood est le critère de référence de Miss Toomis et de l'Amérique à travers elle.

4. **in spite of my millions**: le comique de situation atteint ici le comble de l'absurde.

N'êtes-vous pas allé jusqu'à me prier d'écouter un autre homme — un homme indigne de cirer vos chaussures ? Oh ! que c'est merveilleux ! Que c'est noble ! C'est comme au cinéma. Paul, je m'offre à vous. Voulez-vous de moi malgré mes millions ?

PAUL *(tombant à genoux et baisant l'ourlet de sa robe)*. — Mon ange, vous avez raison. Qu'importe ce que dit le monde si vous, vous croyez en moi ! Amy, amie, bien-aimée... Ah ! c'est trop beau, trop beau pour être vrai ! *(Il se relève et l'étreint avec une ardeur non feinte.)*

AMY. — Paul, Paul... Alors, c'est ça l'amour. N'est-ce pas merveilleux ?...

PAUL *(jetant autour de lui un regard inquiet)*. — Il ne faut rien dire à personne de nos fiançailles, mon Amy. Les gens de l'hôtel pourraient jaser, vous comprenez.

AMY. — Bien sûr que je n'en dirai rien. Nous garderons notre bonheur pour nous, n'est-ce pas ?

PAUL. — Rien que pour nous ; et demain nous partirons pour Paris pour faire le nécessaire en vue de notre mariage.

AMY. — Oui, oui. Nous prendrons le train de huit heures.

PAUL. — Pas celui de huit heures, ma chérie. Je dois aller demain à la banque régler une petite affaire. Il nous faudra patienter jusqu'à celui de midi trente.

AMY. — Eh bien ! soit ! Celui de midi trente. Oh ! que je suis heureuse !

---

5. **my angel** : formule en écho.
6. **unfeigned enthusiasm** : commentaire ironique de l'auteur.
7. L'identité de Paul se précise : le comte Boni de Castellane avait redoré son blason en épousant Anna Gould, fille du richissime Jay Gould. Paul et Amy sont donc des personnages à clefs.
8. Exclamation qui fait ironiquement écho à celle de Simone.

PAUL. So am I, my sweetheart. More than I can tell[1] you. *(The sound of a window being opened is heard. They look up and see the* BARONESS *dressed in a peignoir of the tenderest blue, emerging on to the right hand of the three balconies.)*

AMY. Oh, my soul! I think I'd better[2] go in. Good-night, my Paul. *(She runs in.)*

SIMONE. Has that horrid little American girl gone? *(She peers down[3]; then, reassured, she blows a kiss to* PAUL.*)* My Romeo[4]!

PAUL. I come, Juliet.

SIMONE. There's a kiss for you.

PAUL *(throwing kisses with both hands).* And there's one for you. And another, and another. Two hundred million kisses[5], my angel[6].

SIMONE *(giggling).* What a lot!

PAUL. It is; you're quite right. Two hundred million... I come, my Juliet. *(He darts into the hotel, pausing when just inside the door and out of sight of the* BARONESS, *to mop himself once again with his enormous handkerchief. The operation over, he advances with a resolute step. The* BARONESS *stands for a moment on the balcony. Then, seeing* DOLPHIN *and* LUCREZIA *coming in from the left, she retires, closing the window and drawing the curtains behind her.* DOLPHIN *comes striding in[7];* LUCREZIA *follows a little behind, looking anxiously up at him.)*

LUCREZIA. Please, please...

---

1. Ici encore la vérité, dans ce tissu de mensonges, est source d'humour.

2. **I'd better :** forme contractée de **I had better**, locution comparative toujours suivie d'un infinitif incomplet, traduite en français par *je ferais mieux, il vaut/vaudrait mieux que je.*

3. **to peer down :** la postposition **down** traduit la plongée du regard, le verbe **to peer**, *scruter*, précisant la nature du regard.

4. Parodie burlesque de la célèbre scène du balcon dans *Romeo and Juliet* de Shakespeare (II, 2).

PAUL. — Et moi donc, ange de mon cœur ! Plus que je ne saurais vous dire. *(On entend le bruit d'une fenêtre qui s'ouvre. Ils lèvent les yeux et voient sortir sur le troisième balcon à l'extrême droite la* BARONNE *dans un négligé du bleu le plus tendre.)*

AMY. — Oh ! mon cœur ! Je crois qu'il vaut mieux que je rentre. Bonne nuit, mon Paul. *(Elle se précipite dans l'hôtel.)*

SIMONE. — Cette affreuse petite Américaine est-elle enfin partie ? *(Elle se penche pour regarder, puis, rassurée, envoie à* PAUL *un baiser.)* Mon Roméo !

PAUL. — J'accours, Juliette.

SIMONE. — Tenez, ce baiser est pour vous.

PAUL *(envoyant des baisers des deux mains).* — Et celui-ci pour vous. Et cet autre encore, et encore celui-ci. Deux cent millions de baisers, mon ange.

SIMONE *(gloussant).* — Ça fait beaucoup !

PAUL. — C'est vrai, ça fait beaucoup. Deux cent millions... J'accours, ma Juliette. *(Il s'engouffre dans l'hôtel et s'arrête, à peine franchi le seuil de la porte, hors de la vue de la* BARONNE, *pour s'éponger à nouveau avec son énorme mouchoir. L'opération terminée, il s'avance d'un pas résolu. La* BARONNE *s'attarde un instant sur le balcon. Puis, apercevant* DOLPHIN *et* LUCREZIA *qui entrent par la gauche, elle se retire, ferme la fenêtre et les rideaux derrière elle.* DOLPHIN *entre à grands pas ;* LUCREZIA *le suit de près, levant vers lui un regard inquiet.)*

LUCREZIA. — Je vous en prie, je vous en prie...

---

5. L'humour provient du télescopage des dollars et des baisers et du quiproquo qui s'ensuit.

6. **my angel** : la désignation ne varie pas ; dans le jeu des permutations, la seule variante est l'objet désigné.

7. **to stride in** : la postposition **in** exprimant l'action d'entrer sera rendue par un verbe en français ; le verbe **to stride** indiquant la manière dont se fait l'action se traduira par une locution adverbiale, *à grands pas, à grandes enjambées.*

DOLPHIN. No, I won't listen to anything more. *(He walks with an agitated step up and down the stage.* LUCREZIA *stands with one hand resting on the back of a chair and the other pressed on her heart.)* Do you mean to say you deliberately went and told her that I was only after her money? Oh, it's too bad, too bad. It's infamous. And I hadn't the faintest notion that she had any money. Besides, I don't want money; I have quite enough of my own. It's infamous, infamous!

LUCREZIA. I know it was a horrible thing to do. But I couldn't help it. How could I stand by and see you being carried off[1] by that silly little creature?

DOLPHIN. But I cared[2] for her.

LUCREZIA. But not as I cared for you. I've got red blood in my veins[3]; she's got nothing but milk and water[4]. You couldn't have been happy with her. I can give you love of a kind she could never dream of. What does she know of passion?

DOLPHIN. Nothing, I am thankful to say. I don't want passion; can't you understand that? I don't possess it myself and don't like it in others. I am a man of sentimental affections, with a touch of quiet sensuality. I don't want passion[5], I tell you. It's too violent; it frightens me. I couldn't possibly live with you. You'd utterly shatter my peace of mind in a day. Oh, how I wish you'd go away!

---

1. **to carry off/away :** *ravir,* au propre et au figuré ; d'où **to be carried off/away :** *être transporté* dans les deux sens. Lucrezia, déjà comparée à un vautour, parle un langage conforme à sa nature.

2. **to care :** Huxley joue sur l'homophonie **carried/cared**.

3. **I've got red blood in my veins :** correspond au français *avoir le sang chaud, avoir du sang dans les veines.* Huxley reprend ici l'ancienne théorie des humeurs, selon laquelle le sang, humeur plus ou moins chaude et plus ou moins rouge, commandait les passions.

4. **milk and water :** au sens propre, *lait coupé d'eau* ; d'où au figuré, *fade, insipide, gnan-gnan.* Ex. : **milk-and-water literature :** *de la littérature*

DOLPHIN. — Non, je ne veux pas entendre un mot de plus. *(Il arpente la scène d'un pas nerveux.* LUCREZIA *est debout, une main posée sur le dossier d'une chaise, l'autre pressée sur son cœur.)* Vous voulez dire que vous êtes allée délibérément lui raconter que je n'en voulais qu'à son argent ? Oh ! c'est trop fort, c'est trop fort ! C'est monstrueux ! Moi qui n'avais pas la moindre idée qu'elle avait de l'argent ! D'ailleurs, je n'ai rien à faire de son argent ; j'ai largement de quoi vivre. C'est monstrueux, monstrueux !

LUCREZIA. — Ce que j'ai fait est abominable, je le sais. Mais je n'ai pas pu m'en empêcher. Comment pouvais-je accepter sans broncher de vous voir accroché à cette petite sotte ?

DOLPHIN. — Mais je tenais à elle.

LUCREZIA. — Mais pas comme moi je tenais à vous. Moi, j'ai du sang rouge dans les veines ; elle, elle n'a que du jus de navet. Vous n'auriez pas pu être heureux avec elle. L'amour que moi je peux vous donner est un amour dont elle ne pourrait jamais avoir idée. Que connaît-elle de la passion ?

DOLPHIN. — Rien, Dieu merci ! Je ne veux pas de passion, vous ne comprenez donc pas ? Je n'en ai pas en moi et je la déteste chez les autres. Je suis une nature tendre et sentimentale, avec un rien de sensualité tranquille. Je ne veux pas de passion, vous dis-je. C'est trop violent ; cela m'effraie. Il me serait absolument impossible de vivre avec vous. Un jour vous suffirait pour ravager la paix de mon âme. Oh ! que j'aimerais vous savoir ailleurs !

à l'eau de rose. Cf. également **a milksop**, *une poule mouillée, une lavette.* Dans la théorie des humeurs, le blanc est associé à la lymphe qui commande l'apathie. On dira en français *avoir du sang de navet.*

5. L'amour à l'anglaise s'oppose à l'amour à l'italienne.

LUCREZIA. But, Sidney, Sidney, can't you understand what it is to be madly in love with somebody? You can't be so cruel[1].

DOLPHIN. You didn't think much of my well-being when you interfered between Miss Toomis and me, did you? You've probably ruined my whole life, that's all. I really don't see why you should expect me to have any pity for you.

LUCREZIA. Very well, then, I shall kill myself[2]. *(She bursts into tears.)*

DOLPHIN. Oh, but I assure you, one doesn't kill oneself for things like that. *(He approaches her and pats her on the shoulder.)* Come, come, don't worry about it[3].

LUCREZIA *(throws her arms round his neck).* Oh, Sidney, Sidney...

DOLPHIN *(freeing himself with surprising energy and promptitude from her embrace).* No, no, none of that, I beg. Another moment and we shall be losing our heads. Personally I think I shall go to bed now. I should advise you to do the same, Miss Grattarol. You're overwrought[4]. We might all be better for[5] a small dose of bromide[6]. *(He goes in.)*

LUCREZIA *(looking up and stretching forth her hands).* Sidney!... *(*DOLPHIN *does not look round, and disappears through the glass door into the hotel.* LUCREZIA *covers her face with her hands and sits for a little, sobbing silently. The nightingale sings on.*

---

1. Cri du cœur qui fait écho à celui d'Alberto, **this is the unkindest cut of all**. Le couple Lucrezia-Dolphin rejoue la scène du couple Alberto-Lucrezia, à ceci près que Lucrezia dans le rôle de l'amoureuse éconduite est devenue le double d'Alberto.

2. C'est au tour de Lucrezia de donner dans le chantage au suicide.

3. La situation créant le rôle, c'est au tour de Dolphin de tenir celui du consolateur.

4. **overwrought :** adjectif dérivé de l'ancien participe passé **(wrought)**

LUCREZIA. — Mais Sidney, Sidney, vous ne comprenez donc pas ce que c'est que d'aimer à la folie ? Vous ne pouvez pas être aussi cruel.

DOLPHIN. — Avouez que mon bien-être n'était pas le premier de vos soucis quand vous vous êtes interposée entre Miss Toomis et moi ! Vous avez probablement brisé toute ma vie, un point c'est tout. Je ne vois vraiment pas au nom de quoi vous auriez droit à ma pitié.

LUCREZIA. — Parfait ! Eh bien ! dans ce cas, je me tuerai. *(Elle fond en larmes.)*

DOLPHIN. — Oh ! croyez-moi, on ne se tue pas pour si peu ! *(Il s'approche d'elle et lui tapote l'épaule.)* Allons, allons, ne vous tracassez pas pour ça.

LUCREZIA *(lui jetant les bras autour du cou)*. — Oh ! Sidney, Sidney...

DOLPHIN *(se libérant de son étreinte avec une énergie, une célérité inhabituelles)*. — Non, non ! Pas ça, je vous en prie. Si ça continue, nous allons perdre la tête. Pour ma part, je crois que je vais aller me coucher. Si vous voulez mon avis, mademoiselle Grattarol, vous devriez en faire autant. Vous êtes à bout. Une petite dose de bromure nous ferait à tous le plus grand bien. *(Il rentre.)*

LUCREZIA *(levant les yeux vers lui, les mains tendues)*. — Sidney !... *(*DOLPHIN, *sans se retourner, franchit la porte vitrée et disparaît dans l'hôtel.* LUCREZIA *se cache le visage dans les mains et demeure assise un moment à sangloter tout bas. Le rossignol continue de chanter.*

---

du verbe **to work**, qui signifie ici *excédé, à bout de nerfs.* A distinguer de son doublet **overworked**, *surchargé de travail, surmené.*

5. **to be (all the) better for something** : locution comparative qui signifie *s'en porter mieux, ne s'en trouver que mieux.* Ex. : **it would be (all the) better for a drop of paint** : *un petit coup de peinture ne lui ferait pas de mal.*

6. Le bromure (de potassium) est un puissant sédatif.

Midnight sounds with an infinite melancholy from all the twenty campaniles of the city in the valley. From far away comes the spasmodic throbbing of a guitar and the singing of an Italian voice, high-pitched, passionate, throaty. The seconds pass. LUCREZIA *rises to her feet and walks slowly into the hotel. On the threshold she encounters the* VICOMTE *coming out.)*

PAUL. You, Signorina Lucrezia? I've escaped for a breath of fresh, cool air. Mightn't we take a turn[1] together? *(*LUCREZIA *shakes her head*[2]*.)* Ah, well, then, good-night. You'll be glad to hear that Miss Toomis knows all about Correggio now[3]. *(He inhales a deep breath of air. Then looking at his dinner-jacket he begins brushing at it*[4] *with his hand. A lamentable figure*[5] *creeps in from the left. It is* ALBERTO. *If he had a tail, it would be trailing on the ground between his legs*[6]*.)*

PAUL. Hullo, Alberto. What is it? Been losing at cards?

ALBERTO. Worse than that.

PAUL. Creditors foreclosing[7]?

ALBERTO. Much worse.

PAUL. Father ruined by imprudent speculations?

ALBERTO. No, no, no. It's nothing to do with money.

PAUL. Oh, well, then. It can't be anything very serious[8]. It's women, I suppose.

---

1. **to take a turn/to go for a turn :** correspond au français *faire un tour.*

2. **to shake one's head :** *secouer la tête* (en signe de refus ou de dénégation). À opposer à **to nod (one's head)**, *acquiescer de la tête.*

3. Rappel amusé de l'alibi utilisé par Lucrezia (p. 192).

4. **brushing at it :** la préposition **at** ajoute une nuance à **brushing it** ; elle introduit la notion d'un travail suivi et traduit le soin apporté à l'activité. Ex. : **I am at it :** *j'y travaille, je m'en occupe* ; **I watched him at it :** *je le regardais faire.*

5. **a figure :** faux ami, *une silhouette, une forme.*

6. À rapprocher du regard de chien battu qu'avait Alberto, **eyes full of doglike dumb reproach**. L'implication sexuelle dans **if he had a tail** est évidente : Alberto n'a pas de queue, ce n'est pas un homme.

Dans la ville, au fond de la vallée, minuit sonne à chacun des vingt campaniles avec une infinie mélancolie. De très loin, on entend la palpitation spasmodique d'une guitare et les modulations d'une voix italienne, aiguës, passionnées, gutturales. Les secondes passent. LUCREZIA *se lève et regagne lentement l'hôtel. Sur le seuil, elle croise le* VICOMTE *qui en sort.)*

PAUL. — Vous ici, Signorina Lucrezia ? Je me suis échappé pour respirer une bouffée d'air pur et prendre un peu le frais. Ne pourrions-nous pas faire quelques pas ensemble ? *(*LUCREZIA *fait non de la tête.)* Ah ! eh bien alors ! bonne nuit ! Vous serez heureuse d'apprendre que Miss Toomis à présent sait tout ce qu'il faut savoir sur le Corrège. *(Il aspire une grande bouffée d'air, puis regardant son smoking, se met à l'épousseter de la main. Une silhouette pitoyable entre par la gauche d'un pas traînant. C'est* ALBERTO. *S'il avait une queue, il marcherait la queue entre les jambes et pendant jusqu'à terre.)*

PAUL. — Salut, Alberto ! Qu'est-ce qui ne va pas ? Vous avez perdu aux cartes ?

ALBERTO. — Pire que cela !

PAUL. — Les créanciers font saisie ?

ALBERTO. — Bien pire !

PAUL. — Papa ruiné par des spéculations imprudentes ?

ALBERTO. — Non, non, non ! Ça n'a rien à voir avec l'argent.

PAUL. — Eh bien alors ! Ça ne peut pas être quoi que ce soit de très grave. Une histoire de femmes, je suppose.

---

7. **to foreclose :** terme juridique qui signifie ici *saisir* (les biens d'un débiteur pour la sûreté d'une créance). Ex. : **to foreclose (on) a mortgage :** *saisir un bien hypothéqué.*

8. Typique de Paul pour qui les seules affaires sérieuses sont les questions d'argent.

ALBERTO. My mistress refuses to see me. I have been beating on her door for hours in vain.

PAUL. I wish we all had your luck, Bertino. Mine opens her door only too promptly[1]. The difficulty is to get out again. Does yours use such an awful lot of this evil-smelling powder? I'm simply covered with it. Ugh! *(He brushes his coat again.)*

ALBERTO. Can't you be serious, Paul?

PAUL. Of course I can... about a serious matter. But you can't expect me to pull a long face[2] about your mistress, can you, now? Do look at things in their right proportions.

ALBERTO. It's no use talking to you. You're heartless, soulless.

PAUL. What you mean, my dear Alberto, is that I'm relatively speaking bodiless[3]. Physical passion never goes to my head. I'm always *compos mentis*[4]. You aren't, that's all.

ALBERTO. Oh, you disgust me. I think I shall hang myself to-night[5].

PAUL. Do[6]. It will give us something to talk about at lunch to-morrow.

ALBERTO. Monster! *(He goes into the hotel.* PAUL *strolls out towards the garden, whistling an air from Mozart*[7] *as he goes. The window on the left opens and* LUCREZIA *steps on to her balcony. Uncoiled, her red hair falls almost to her waist.*

---

1. À prendre au sens propre et métaphorique, la porte ayant, bien entendu, une connotation sexuelle.

2. **to pull a long face :** expression imagée comme en français, *faire une mine de dix pieds de long, une tête d'enterrement.*

3. **bodiless :** *désincarné.* Déclaration pour le moins inattendue de la part d'un grand séducteur. Paul est conscient du paradoxe, qu'il souligne au moyen d'une réserve, **relatively speaking,** *toutes proportions gardées.*

4. Locution latine passée dans la langue anglaise, et couramment utilisée par Huxley, avec le sens de **to be cool-headed, to be composed,** *garder la tête froide, rester maître de soi.*

ALBERTO. — Ma belle refuse de me voir. J'ai cogné des heures à sa porte sans aucun résultat.

PAUL. — Ah ! si nous pouvions tous avoir votre chance, Bertino ! La mienne n'est que trop prompte à ouvrir sa porte. La difficulté est de ressortir. La vôtre use-t-elle aussi largement de cette infecte poudre ? C'est simple, j'en suis tout couvert. Pouah ! *(Il se remet à épousseter son smoking.)*

ALBERTO. — Vous ne pouvez pas être sérieux, Paul ?

PAUL. — Bien sûr que si... quand l'affaire est sérieuse. Mais vous ne voulez quand même pas que je fasse une tête d'enterrement à propos de votre dulcinée, que diable ! Regardez donc les choses telles qu'elles sont.

ALBERTO. — Ça ne sert à rien de vous parler. Vous n'avez pas de cœur, pas d'âme.

PAUL. — Dites plutôt, mon cher Alberto, qu'en un sens je n'ai pas de corps. La passion physique ne me monte jamais à la tête. Je suis toujours *compos mentis*. Vous pas, c'est tout.

ALBERTO. — Oh ! vous me dégoûtez. Je crois que je vais me pendre cette nuit.

PAUL. — Allez-y. Cela nous procurera un sujet de conversation demain au déjeuner.

ALBERTO.— Monstre ! *(Il rentre dans l'hôtel.* PAUL *en sort et se dirige d'un pas nonchalant vers le jardin, tout en sifflotant un air de Mozart. La fenêtre de gauche s'ouvre et* LUCREZIA *s'avance sur son balcon. Sa chevelure d'un blond vénitien, à présent dénouée, lui descend presque à la taille.*

---

5. Récidive du chantage au suicide. La manière se précise.

6. Le cynisme de Paul est celui du Français tel qu'il est vu par les Anglais.

7. À rapprocher de la satisfaction de Spode (p. 182). Paul siffle-t-il l'air de Chérubin, « Voi che sapete », ce qui serait un clin d'œil au public, ou siffle-t-il un air de *Don Juan*, ce qui serait conforme à la nature du personnage ?

Her night-dress is always half slipping off one shoulder or the other, like those loose-bodied Restoration[1] *gowns that reveal the tight-blown charms of Kneller's Beauties*[2]. *Her feet are bare. She is a marvellously romantic figure, as she stands there, leaning on the balustrade, and with eyes more sombre than night, gazing into the darkness. The nightingales, the bells, the guitar, and passionate voice strike up. Great stars palpitate in the sky. The moon has swum imperceptibly to the height of heaven. In the garden below flowers are yielding their souls into the air, censers invisible*[3]. *It is too much, too much... Large tears roll down* LUCREZIA'S *cheeks and fall with a splash*[4] *to the ground. Suddenly, but with the noiselessness of a cat,* ALBERTO *appears, childish-looking in pink pyjamas, on the middle of the three balconies. He sees* LUCREZIA, *but she is much too deeply absorbed in thought to have noticed his coming*[5]. ALBERTO *plants his elbows on the rail of the balcony, covers his face, and begins to sob, at first inaudibly, then in a gradual quickening crescendo. At the seventh sob*[6] LUCREZIA *starts and becomes aware of his presence.)*

LUCREZIA. Alberto! I didn't know... Have you been there long? *(*ALBERTO *makes no articulate reply, but his sobs keep on growing louder.)* Alberto, are you unhappy? Answer me.

ALBERTO *(with difficulty, after a pause)*. Yes.

LUCREZIA. Didn't she let you in?

---

1. Nom donné à la période qui suit la restauration des Stuarts et l'avènement de Charles II en 1660. Époque caractérisée par un certain relâchement des mœurs après le puritanisme de l'Angleterre cromwellienne ; cf. The Restoration Comedy.

2. Sir Godfrey Kneller (1646-1723), portraitiste de la cour d'Angleterre qui peignit les célèbres Beautés de Hampton Court (1690-1691).

3. Réminiscence baudelairienne : « Voici venir les temps où vibrant sur sa tige / Chaque fleur s'évapore ainsi qu'un encensoir » (« Harmonie du soir », *Les Fleurs du mal*, 1857). Huxley connaissait fort bien Baudelaire et lui consacrera un essai dans *Do What You Will* (1929).

Sa chemise de nuit a toujours tendance à glisser, dénudant l'une ou l'autre épaule, et rappelle ces robes vaporeuses de la Restauration anglaise qui révèlent les charmes rebondis des Beautés de Kneller. Elle est pieds nus. Debout, accoudée à la balustrade, les yeux plus noirs que la nuit, le regard perdu dans les ténèbres, elle est divinement romantique. Les rossignols, les cloches, la guitare et la voix passionnée reprennent de plus belle. De grandes étoiles palpitent au firmament. La lune a navigué imperceptiblement jusqu'au plus haut du ciel. Dans le jardin en contrebas, les fleurs épanchent leur âme dans l'air du soir ainsi que d'invisibles encensoirs. C'en est trop, c'en est trop... De grosses larmes ruissellent le long des joues de LUCREZIA *et s'écrasent au sol en faisant floc. Soudain, et pourtant sans plus de bruit qu'un chat,* ALBERTO *apparaît au balcon du milieu : il a l'air d'un enfant dans son pyjama rose. Il aperçoit* LUCREZIA *qui, elle, est bien trop perdue dans ses pensées pour avoir remarqué sa venue.* ALBERTO *plante ses coudes sur la rampe du balcon, se cache le visage et se met à sangloter, tout d'abord en sourdine, puis en un crescendo qui s'amplifie et s'accélère. Au septième sanglot,* LUCREZIA *sursaute et prend conscience de sa présence.)*

LUCREZIA. — Alberto ! J'ignorais... Vous êtes là depuis longtemps ? *(*ALBERTO, *sans fournir de réponse articulée, sanglote de plus en plus fort.)* Alberto, vous êtes malheureux ? Répondez-moi.

ALBERTO *(péniblement, après une pause).* — Oui.

LUCREZIA. — Elle ne vous a pas laissé entrer ?

---

4. **a splash :** *un éclaboussement*, substantif onomatopéique qui traduit le bruit (floc, plouf) de l'eau qui gicle. Le mot est utilisé à des fins ironiques pour détruire l'effet poétique du romantisme de la scène.

5. L'indifférence autiste de Lucrezia est à rapprocher de celle d'Alberto. Huxley se plaît à caricaturer l'emmurement de la souffrance.

6. Parodie burlesque des trompettes de Jéricho qui, selon Josué, firent tomber les murs de la ville à la septième fois.

ALBERTO. No. *(His sobs become convulsive.)*

LUCREZIA. Poor boy!

ALBERTO *(lifting up a blubbered face to the moonlight).* I am so unhappy.

LUCREZIA. You can't be more unhappy than I am.

ALBERTO. Oh yes, I am. It's impossible to be unhappier than me.

LUCREZIA. But I *am* more unhappy.

ALBERTO. You're not[1]. Oh, how can you be so cruel[2], Lucrezia? *(He covers his face once more.)*

LUCREZIA. But I only said I was unhappy, Alberto.

ALBERTO. Yes, I know. That showed you weren't thinking of me. Nobody loves me[3]. I shall hang myself to-night with the cord of my dressing-gown[4].

LUCREZIA. No, no, Alberto. You mustn't do anything rash[5].

ALBERTO. I shall. Your cruelty has been the last straw[6].

LUCREZIA. I'm sorry, Bertino mio. But if you only knew how miserable I was feeling. I didn't mean to be unsympathetic. Poor boy. I'm so sorry. There, don't cry, poor darling.

ALBERTO. Oh, I knew you wouldn't desert me, Lucrezia. You've always been a mother to me[7].

---

1. La reprise de la comédie de la rivalité dans la douleur a pour effet de ridiculiser le héros romantique qui se disait le détenteur du monopole de la souffrance.

2. Formule en écho.

3. **nobody loves me**: Alberto se cite.

4. Nouvelle récidive du chantage au suicide et précision supplémentaire apportée quant au moyen.

5. Formule à répétition: l'injonction de Lucrezia fait écho à celle de Simone.

6. **the last straw (that breaks the camel's back)**: expression imagée qui correspond en français à *la goutte d'eau qui fait déborder le vase.* Ex.: **that's the last straw**: *ça, c'est le comble.* À rapprocher de **this is the unkindest cut of all.**

ALBERTO. — Non. *(Ses sanglots deviennent convulsifs.)*

LUCREZIA. — Pauvre petit !

ALBERTO *(offrant au clair de lune un visage bouffi).* — Je suis si malheureux.

LUCREZIA. — Vous ne pouvez pas l'être autant que moi.

ALBERTO. — Oh ! que si ! Il n'y a pas plus malheureux que moi.

LUCREZIA. — Si, moi.

ALBERTO. — Je vous dis que non. Oh ! Lucrezia, comment pouvez-vous être aussi cruelle ? *(Il se cache à nouveau le visage.)*

LUCREZIA. — Mais, Alberto, j'ai seulement dit que j'étais malheureuse.

ALBERTO. — Oui, je sais. Et cela montre bien que vous ne pensiez pas à moi. Personne ne m'aime. Je vais me pendre cette nuit avec la cordelière de ma robe de chambre.

LUCREZIA. — Non, non, Alberto. Ne faites surtout pas de bêtise !

ALBERTO. — Si ! je me pendrai. Votre cruauté m'a achevé.

LUCREZIA. — Je suis désolée, Bertino mio. Mais si vous saviez seulement à quel point j'avais mal. Je n'ai pas voulu me montrer indifférente. Pauvre petit ! Je suis vraiment désolée. Allons, ne pleurez pas, mon pauvre chéri.

ALBERTO. — Ah ! je savais bien, Lucrezia, que vous ne m'abandonneriez pas. Vous avez toujours été une mère pour moi.

---

7. Redite (voir p. 160). On notera toutefois la différence du temps au profit de la permanence **(have always been)** et la suppression de la comparaison **(like)** au profit de l'identité. Alberto et Lucrezia rejouent leur première scène, à cela près que Lucrezia est au diapason d'Alberto.

(He stretches out his hand and seizes hers, which has gone half-way to meet him; but the balconies are too far apart to allow him to kiss it. He makes an effort and fails. He is too short in the body.) Will[1] you let me come on to[2] your balcony, Lucrezia? I want to tell you how grateful I am.

LUCREZIA. But you can do that from your own balcony.

ALBERTO. Please, please, Lucrezia. You mustn't be cruel to me again[3]. I can't bear it.

LUCREZIA. Well, then... Just for a moment[4], but for no more. *(*BERTINO *climbs from one balcony to the other. One is a little reminded of the trousered monkeys on the barrel organs*[5]*. Arrived, he kneels down and kisses* LUCREZIA'S *hand.)*

ALBERTO. You've saved me. You've given me a fresh desire to live and a fresh faith in life. How can I thank you enough[6], Lucrezia, darling?

LUCREZIA *(patting his head).* There, there[7]. We are just two unhappy creatures. We must try and comfort one another.

ALBERTO. What a brute I am! I never thought of your unhappiness. I am so selfish. What is it, Lucrezia?

LUCREZIA. I can't tell you, Bertino; but it's very painful.

---

1. **will** : auxiliaire de courtoisie.
2. **on to** : locution prépositive qui traduit la direction **(to)** et la position **(on)**. Ex. : **to jump on to the table** : *sauter sur la table.*
3. Puérilisme affectif d'Alberto.
4. **a moment** : faux ami, signifie *un instant*. Ex. : **I won't be a moment** : *j'en ai pour une seconde.*
5. L'image est à rapprocher de celle utilisée à propos de Tillotson, **a small, shrivelled old man... agile and quick like one of those whiskered little monkeys at the zoo.** La métaphore simiesque est un motif obsédant chez Huxley, témoin son roman apocalyptique *Ape and Essence*, 1948.

(Il tend la main, saisit celle que LUCREZIA *a déjà avancée à sa rencontre ; mais les balcons sont trop écartés pour qu'il puisse lui baiser la main. Il fait une tentative qui échoue ; il est trop court de taille.)* Vous voulez bien que je vienne sur votre balcon, Lucrezia ? Je veux vous dire toute ma reconnaissance.

LUCREZIA. — Mais vous pouvez le faire de votre balcon.

ALBERTO. — S'il vous plaît, Lucrezia, s'il vous plaît ! Ne soyez pas de nouveau cruelle avec moi. Je ne peux pas le supporter.

LUCREZIA. — Eh bien ! alors... Juste un instant, pas plus. *(*BERTINO *fait des acrobaties en passant d'un balcon à l'autre. Il n'est pas sans rappeler les petits singes en culotte perchés sur les orgues de Barbarie. Arrivé à destination, il tombe à genoux et baise la main de* LUCREZIA.*)*

ALBERTO. — Vous m'avez sauvé la vie. Vous m'avez redonné le goût de vivre et la foi en la vie. Comment pourrai-je assez vous remercier, Lucrezia chérie ?

LUCREZIA *(lui caressant la tête).* — Allons, allons, nous sommes deux pauvres malheureux, c'est tout. Nous devons tout faire pour nous consoler l'un l'autre.

ALBERTO. — Je ne suis qu'une brute ! Je n'ai pas pensé un seul instant à votre malheur. Je suis si égoïste. Qu'est-ce qui ne va pas, Lucrezia ?

LUCREZIA. — Je ne peux pas vous le dire, Bertino, mais que c'est douloureux !

---

6. Formule à écho multiple.

7. **there, there** : formule stéréotypée, analogue à **come, come**. Huxley porte un intérêt particulier aux clichés, ces mécanismes du langage qu'une situation donnée suffit à déclencher.

ALBERTO. Poor child, poor child[1]. *(His kisses, which started at the hand, have mounted, by this time, some way up the arm, changing perceptibly in character as they rise. At the shoulder they have a warmth which could not have been inferred from the respectful salutes which barely[2] touched the fingers.)* Poor darling! You've given me consolation. Now you must let me comfort your unhappiness.

LUCREZIA *(with an effort).* I think you ought to go back now, Bertino.

ALBERTO. In a minute, my darling. There, there, poor Lucrezia. *(He puts an arm round her, kisses her hair and neck.* LUCREZIA *leans her bowed head against his chest. The sound of footsteps is heard. They both look up with scared, wide-open eyes.)*

LUCREZIA. We mustn't be seen here, Bertino. What would people think[3]?

ALBERTO. I'll go back.

LUCREZIA. There's no time. You must come into my room. Quickly.

(They slip through the French window, but not quickly enough to have escaped the notice of PAUL, *returning from his midnight stroll. The* VICOMTE *stands for a moment looking up at the empty balcony. He laughs softly to himself[4], and, throwing his cigarette away, passes through the glass door into the house. All is now silent, save for[5] the nightingales[6] and the distant bells.*

---

1. **poor child... poor darling** : permutation des rôles, cf. **poor boy! poor darling!**

2. **barely** : adverbe semi-négatif, synonyme de **hardly, scarcely,** *à peine, ne... guère.* Se construit toujours avec un verbe à la forme affirmative.

3. L'importance du qu'en-dira-t-on fait partie de la comédie sociale. À rapprocher du comportement de Paul (p. 202).

4. **to laugh to oneself** : *rire dans sa barbe, rire sous cape.* À rapprocher de **humming to himself,** *fredonnant tout bas* (p. 58) ; **to oneself** signifie très exactement *à part soi.*

ALBERTO. — Pauvre petite, pauvre petite ! *(Partis de la main, ses baisers sont montés entre-temps à la hauteur du bras, changeant sensiblement de nature au cours de l'ascension. Parvenus à l'épaule, ils ont une ardeur que rien dans les hommages effleurant tout juste les doigts n'aurait pu laisser présager.)* Pauvre chérie ! Vous m'avez apporté le réconfort. Permettez, à présent, que je console votre malheur.

LUCREZIA *(faisant un effort)*. — Je pense que vous devriez maintenant regagner votre chambre, Bertino.

ALBERTO. — Une petite minute, ma chérie. Allons, allons, ma pauvre Lucrezia. *(Il lui passe un bras autour de la taille, lui couvre les cheveux et la nuque de baisers.* LUCREZIA *appuie sa tête penchée contre la poitrine d'Alberto. On entend un bruit de pas. Tous deux lèvent de grands yeux apeurés.)*

LUCREZIA. — Il ne faut pas qu'on nous voie ici, Bertino. Que penseraient les gens ?

ALBERTO. — Je retourne dans ma chambre.

LUCREZIA. — Vous n'en avez pas le temps. Rentrez dans la mienne. Vite !

(Ils disparaissent par la porte-fenêtre, mais pas assez vite pour échapper au regard de PAUL *qui revient de sa promenade nocturne. Le* VICOMTE *s'arrête un instant, les yeux levés vers le balcon désert. Il rit sous cape et, jetant sa cigarette, rentre dans l'hôtel par la porte vitrée. Tout est silence à présent, hormis les rossignols et les cloches dans le lointain.*

---

5. **save for** : locution prépositive, synonyme de **except for, but for,** *hormis, excepté.*

6. Le rossignol est l'oiseau romantique par excellence, l'oiseau des nuits d'amour (cf. *Romeo and Juliet*, III, 5). Cela dit, le mot **nightingale** a pris par métonymie le sens de *femme galante.* Il est bien évident que Huxley joue sur les deux sens du mot, d'où le titre « **Permutations among the Nightingales** ».

The curtain comes down for a moment to indicate the passage of several hours. It rises again with the sun. LUCREZIA'S *window opens and she appears on the balcony. She stands a moment with one foot over the threshold of the long window in a listening pose. Then her eyes fall on the better half*[1] *of a pair of pink pyjamas lying crumpled on the floor, like a body bereft*[2] *of its soul; with her bare foot she turns it over. A little shudder plucks*[3] *at her nerves, and she shakes her head as though, by this symbolic act, to shake off something clinging and contaminating*[4]*. Then she steps out into the full glory of the early sun, stretching out her arms to the radiance. She bows her face into her hands, crying out loud to herself.)*

LUCREZIA. Oh, why, why, why? *(The last of these Why's is caught by the* WAITER, *who has crept forth in shirt-sleeves and list-slippers, duster in hand, to clean the tables. He looks up at her admiringly, passes his tongue over his lips. Then, with a sigh, turns to dust the tables.)*

CURTAIN.

---

1. **the better half :** adaptation de l'expression familière **my better half,** *ma moitié ;* **the better half of a pair of pyjamas** sera par définition la moitié féminine du pyjama, c.-à-d. *la veste.*

2. **bereft :** participe passé du verbe **to bereave**, au sens de *priver, déposséder.* Ex. : **bereft of reason :** *dénué de raison* ; **bereft of speech :** *privé de l'usage de la parole.* **A body bereft of its soul** est un corps que l'âme a quitté, autrement dit **a dead body**. L'humour naît de l'équation établie par Huxley entre l'âme et le corps : la dépouille vestimentaire ayant perdu, non pas son âme, mais son corps, Alberto.

Le rideau tombe un instant pour marquer un intervalle de plusieurs heures ; il se relève avec le soleil. La fenêtre de LUCREZIA *s'ouvre et elle apparaît au balcon. Elle s'attarde un moment, un pied posé sur le seuil de la grande porte-fenêtre, l'oreille aux aguets. C'est alors que ses yeux tombent sur une veste de pyjama rose qui gît ratatinée comme un corps privé d'âme. Elle la retourne de son pied nu. Un léger frisson lui agace les nerfs, et elle secoue la tête comme pour se défaire, par cette action symbolique, d'une chose infectieuse et tenace. Puis elle sort dans la lumière resplendissante du jour naissant, les bras tendus vers le soleil. Elle courbe la tête, enfouit son visage dans ses mains, s'exclamant, tout haut à part soi.)*

LUCREZIA. — Oh ! Pourquoi, pourquoi, pourquoi ? *(Le dernier des ces pourquoi tombe dans l'oreille du* GARÇON *qui, en bras de chemise et en chaussons de lisière, s'est avancé sans bruit, le chiffon à la main, pour épousseter les tables. Il lève sur elle des yeux admiratifs, se passe la langue sur les lèvres, puis, sur un soupir, se met en devoir d'essuyer les tables.)*

RIDEAU

---

3. **to pluck** : au sens de *pincer* (les cordes d'un instrument). Ex. : **to pluck a guitar** : *pincer, agacer les cordes d'une guitare.* Par analogie, **to pluck at somebody's nerves** : *agacer les nerfs de quelqu'un.* La vibrante Lucrezia s'est faite guitare.

4. **something clinging and contaminating** : périphrase euphémique pour désigner le sperme, mot tabou à l'époque. La présence de l'adjectif **contaminating**, *infectieux, contagieux*, traduit la phobie de l'acte sexuel que l'on retrouve dans *Eyeless in Gaza* (1936), l'autobiographie déguisée de Huxley, où l'identité entre *le germe* et *les germes* est clairement posée.

Textes enregistrés

Extrait n° 1 : page 16 (“Fortified by...”)
à page 26 (“...to have done so little”).

Extrait n° 2 : page 50 (début)
à page 58 (“not unsatisfied”).

Extrait n° 3 : page 70 (“A moment later...”)
à page 84 (fin).

Extrait n° 4 : page 88 (début) à page 100 (fin).

Extrait n° 5 : page 150 (début) à page 156 (fin).

Extrait n° 6 : page 172 (début) à page 180 (fin).

Composition réalisée par COMPOFAC - PARIS

IMPRIMÉ EN FRANCE PAR BRODARD ET TAUPIN
Usine de La Flèche (Sarthe).
LIBRAIRIE GÉNÉRALE FRANÇAISE - 6, rue Pierre-Sarrazin - 75006 Paris.

ISBN : 2 - 253 - 04910 - 7 30/8711/1